Università di Napoli

Federico II

Facoltà di Sociologia

Master di I Livello

in

Organizzazione e Valutazione delle Politiche e

dei Sistemi Socio-Sanitari

Clima interno e Staff Satisfaction nelle Aziende Sanitarie Locali

Relatore
Dr.ssa Beatrice Fiore

Candidato
Dr. Giovanni Carullo

INDICE

Introduzione

Negli ultimi anni le aziende sanitarie pubbliche hanno conosciuto una significativa evoluzione sia dal punto di vista politico istituzionale, che da quello socio-economico e scientifico -tecnologico, aspetti che hanno inciso profondamente sulle caratteristiche gestionali ed organizzative delle stesse.

Hanno visto aumentare considerevolmente il livello di complessità con l'applicazione di disegni organizzativi molto articolati, di *mission* aziendali piuttosto ambiziose, di meccanismi di finanziamento e reclutamento delle risorse in continuo mutamento, di una moltiplicazione e di progressiva differenziazione degli *stakeholder*.

A monte di questo processo ci sono state sia ragioni generali identificabili nel mutamento del ruolo dello Stato nella sfera economico-sociale al fine di una razionalizzazione del *welfare* state sia motivazioni specifiche che hanno riguardato l'obiettivo di un'assistenza efficace, adeguata e contenuta nei limiti delle risorse che è possibile allocare e spendere per l'assistenza sanitaria.

Le aziende sanitarie sono state pertanto oggetto nel corso delle successive leggi di riforma a continue ristrutturazioni strutturali col fine di rendere sempre più funzionale il modello istituzionale agli obiettivi strategici preposti.

Il modello organizzativo delle unità sanitarie locali nate dalla riforma della 833/78 era fortemente omogeneo su tutto il territorio nazionale, nessuna discrezionalità veniva lasciata a livello locale, ignorando le variazioni quali-quantitative della domanda: il risultato era stato il decadimento della qualità dei servizi, in assenza di sistemi di controllo di gestione, di carenza di una precisa responsabilizzazione gestionale delle unità operative, nonché di una mancanza di un'equilibrata distribuzione di poteri e responsabilità nelle strutture organizzative.

Ispirandosi ai principi della regionalizzazione, dell' aziendalizzazione e della responsabilizzazione il riordino del SSN cha ha avuto origine con i D.Lgs n. 502/92 e n. 517/93 e con la legge 229/99 ha pertanto ridefinito l'assetto istituzionale, gestionale e organizzativo del sistema.

La radicale revisione organizzativa ed istituzionale del sistema sanitario si inserisce nel quadro più ampio dei mutamenti in atto nella Pubblica Amministrazione indotti da una serie di norme susseguitesi nel corso degli anni ottanta fino alla legge delega 421/92 (per la razionalizzazione e la revisione delle discipline in materia di Sanità, Pubblico Impiego, di Previdenza e Finanza territoriale).

Asse portante della *riforma della riforma* 502/92 è stato il processo di regionalizzazione e la nascita dei sistemi sanitari regionali sulla base della convinzione che il livello intermedio di governo sia meglio in grado di conoscere la domanda di salute presente sul territorio e pertanto più adatto a programmare ed articolare in modo coerente l'offerta di servizi.

Le Aziende Sanitarie e le Aziende Ospedaliere nate da questo progetto sono state chiamate ad adottare modelli di quasi-mercato[1] nella loro organizzazione e gestione e nel sistema di finanziamento delle prestazioni erogate.

---

[1] B. Fiore. L'Iintagibile in sanità: cultura e clima organizzativo belle strutture ospedaliere. Tesi di dottorato, facoltà di Sociologia. Napoli, 2005: Si parla di *quasi-mercato* per riferirsi a quei sistemi che prevedono: il permanere sotto la responsabilità del sistema pubblico dei settori oggetto dell'intervento, l'introduzione di una qualche forma di collegamento tra quantità e qualità dei servizi offerti e risorse finanziarie messe a disposizione dell'azienda, l'aumento del grado di autonomia concessa, la rottura delle protezioni monopolistiche mediante l'introduzione o il rafforzamento di meccanismi concorrenziali.

La riforma-ter della legge 229/99 ha completato il processo di aziendalizzazione introducendo una serie di elementi innovativi (dall' introduzione dell'organizzazione dipartimentale come modello ordinario di gestione operativa, all'introduzione del concetto di autonomia imprenditoriale, al rafforzamento dei sistemi di responsabilizzazione sui risultati, etc.) completando un processo di cambiamento istituzionale da cui emerge l'importanza dello sviluppo di capacità strategica e organizzativa delle aziende, che sono sottoposte all'esigenza di capire come è meglio organizzare l'offerta di servizi e di individuare il modello organizzativo più coerente con i propri obiettivi al fine di creare coerenza tra l'assetto operativo e l'evoluzione che sta avvenendo nell'ambiente di riferimento.

Obiettivo di questo lavoro è analizzare e sottolineare l'importanza del clima organizzativo all'interno di questo percorso di riorganizzazione su base aziendale della sanità, dal momento che uno dei principi fondamentali dei moderni sistemi di gestione delle organizzazioni è il coinvolgimento partecipato del personale come aspetto essenziale e strategico per assicurare la qualità del prodotto o servizio, dando concretezza alla filosofia del miglioramento continuo per soddisfare il cliente finale.

Il "clima organizzativo", chiamato anche "clima interno" o "clima aziendale" identifica una caratteristica non strutturale o "soft" delle organizzazioni, contrapposta a quelle strutturali o "hard". Ricorrendo ad una metafora possiamo immaginare l'organizzazione come un iceberg di cui la parte visibile si riferisce a tutti quei fattori di tipo formale e razionale, come per esempio la struttura, il ruoli, la tecnologia, le risorse finanziarie e i prodotti mentre la parte sommersa e invisibile attiene ad aspetti di tipo informale, come per esempio le norme di gruppo, gli atteggiamenti, i valori, l'identità, la cultura.

Così pur essendo la capacità tecnica un aspetto essenziale per il successo di una organizzazione, la realizzazione e l'indirizzamento di tale capacità verso attività produttive dipende strettamente da fattori non prettamente strutturali, quali appunto il clima. Il clima inoltre rappresenta uno strumento di consapevolezza e diagnosi organizzativa, in grado di indirizzare i membri dell'organizzazione attraverso una riprogettazione partecipata al cambiamento.

In ambito organizzativo l'adeguamento ad una nuova situazione potrà essere accelerato, mantenuto o bloccato a seconda dell'interpretazione che i membri dell'organizzazione danno a tale fenomeno.

Elemento strategico al fine di coinvolgere gli operatori interni di una organizzazione è analizzare il clima aziendale e/o la soddisfazione degli operatori stessi, utilizzando strumenti mirati, come l'indagine di clima e la rilevazione della staff satisfaction.

Lo studio del clima è una fotografia di una situazione esistente al momento dell'indagine, ma l'analisi si configura come una "ricerca intervento" poiché la situazione lavorativa si modifica costantemente in particolare a seguito di tali indagini. Infatti l'analisi sul clima spesso finisce per assumere un carattere motivante per l'interesse concreto mostrato verso i lavoratori che si sentono chiamati a dare il loro contributo in termini di partecipazione e responsabilizzazione.

Questo lavoro, richiamandosi ai principi del Total Quality Management, focalizzati sulla centralità della risorsa umana ad ogni livello dell'organizzazione, ripercorre l'evoluzione teorica e applicativa dell' indagine di clima, per poi passare ad indicare quali passi sia indispensabile seguire per realizzare un efficace percorso di indagine di clima all'interno di una Azienda Sanitaria.

Faremo riferimento a quelli che sono stati i risultati già conseguiti sul territorio nazionale da una serie di Aziende Sanitarie od Ospedaliere del SSN, che talora rispondendo ad una ancora rara pianificazione regionale, talaltra di propria lungimirante iniziativa, hanno dedicato risorse e volontà alla individuazione delle più avvertite criticità nell'ambito della "clientela interna", con l'obiettivo di rendere concreto e funzionale alla ottimale organizzazione il tema della *valorizzazione delle risorse umane.*

L'analisi di clima permette di rilevare come l'organizzazione, in particolare, alcune sue caratteristiche siano percepite dai suoi membri e quindi consente di:

- rilevare i punti critici presenti in un'organizzazione;
- pianificare e perseguire opportuni interventi migliorativi, e al loro termine
- monitorare i risultati ottenuti, procedendo ad una nuova analisi del clima organizzativo.

L'auspicio è che nel breve periodo tutte le strutture impegnate nella riorganizzazione del Servizio Sanitario Nazionale sappiano dotarsi degli strumenti migliori per impedire che ogni sforzo di ristrutturazione vada ad arenarsi a causa della scarsa attenzione per il fattore umano.

I Capitolo. **L'importanza del clima organizzativo in sanità**

1.1 I principi del Total Quality Management

In tema di qualità delle organizzazioni varie teorie e molteplici approcci metodologici si sono evoluti negli anni, fino a giungere ai concetti del Total Quality Management, attraverso la teoria del miglioramento continuo. Quest'ultima presuppone l'assicurazione della qualità intesa come un insieme di attività che sorvegliano l'intero processo produttivo, per verificare che questo sia svolto in conformità a prassi e procedure predefinite, con l'obiettivo di individuare i problemi nel momento stesso in cui si verificano al fine di porvi immediatamente rimedio, agendo direttamente sulle cause che li hanno generati. Questo approccio, per funzionare, deve contare sulla massima partecipazione possibile: si ha un modo globale di affrontare, ad ogni livello gerarchico e per ogni tipologia professionale, il tema della qualità, integrandone la ricerca ed il miglioramento nelle attività quotidiane di ciascuno, e quindi nelle modalità di gestione permanente dell'azienda. In questo caso si parla di qualità totale o Total Quality Management (Cama e Paladino, 2001[2]; Negro, 1998[3]).

Le caratteristiche del TQM si possono così sintetizzare:

- si basa su di una visione olistica all'organizzazione: la qualità è un compito di tutto il sistema aziendale, non di una singola funzione;
- il coinvolgimento delle risorse umane avviene ad ogni livello della gerarchia.

---

[2] Cama P., Paladino G., Aziende a caccia di qualità, Il Sole 24 ore Sanità Management, dicembre 2001.

[3] Negro G., Organizzare la qualità nei servizi, IL sole 24 ore libri, 1992.

Infatti fra i principali compiti del management ci sono (UNI EN ISO 9001:2000):

- creare e definire una politica della qualità attraverso un processo di consultazione globale;
- pubblicizzare la politica della qualità all'interno e all'esterno dell'organizzazione;
- avviare canali di comunicazione top-down e bottom-up, formali e informali, con il proprio staff;
- valorizzare le risorse umane;

La qualità è quindi totale perché riguarda ogni processo, ogni compito, ogni persona. L'impegno della direzione in questo ambito deve essere considerato un prerequisito assoluto. Senza questo impegno da parte della direzione, qualunque iniziativa per la qualità è destinata all'insuccesso.

L'approccio TQM evidenzia con forza:

- la focalizzazione della soddisfazione del cliente, destinatario dei servizi e quindi giudice ultimo per stabilire se la qualità è stata raggiunta nella sua globalità;
- la tensione a far bene "la prima volta", che implica una forte focalizzazione sugli aspetti "preventivi", programmatici e progettuali della qualità, anziché sugli aspetti o fasi di controllo e di verifica successiva;
- il miglioramento continuo come approccio quotidiano alla gestione globale per arrivare alla garanzia della qualità totale, che presuppone l'integrazione e il coordinamento di tutte le attività che

influenzano la qualità di un prodotto o di un servizio, dall'identificazione delle esigenze del cliente fino al loro soddisfacimento.

Quest'ultima modalità prevede l'utilizzo di tutti gli strumenti della gestione per la qualità, la quale include il controllo della qualità, l'assicurazione della qualità e gli aspetti di politica della qualità, la pianificazione della qualità e miglioramento della qualità. La gestione totale della qualità aggiunge a questi concetti una strategia globale di lungo termine e la partecipazione di tutti i membri dell'organizzazione a vantaggio dell'organizzazione stessa, dei suoi membri, dei suoi clienti e della società. Un sistema qualità così orientato consente di spostare l'ottica dell'impresa dalla sfera dell'accertamento a quella della prevenzione, intervenendo a monte anziché a valle per eliminare i difetti, malfunzionamenti, rilavorazioni, o carenze della qualità del prodotto o servizio forniti. Se correttamente applicato, tale sistema non permette soltanto di tenere sotto controllo tutto l'andamento dell'azienda (e quindi di conoscere esattamente che cosa si fa e come si fa), ma costituisce anche uno strumento manageriale per incidere sulla razionalità dell'organizzazione, l'efficienza e quindi l'incremento della competitività e del profitto. Nei confronti dei clienti e dei consumatori rappresenta la garanzia che l'azienda è in grado di mantenere le promesse fatte per qualsivoglia tipo di produzione.

1.2.Risorse umane, clienti interni e stakeholders

I complessi modelli di analisi e di valutazione delle aziende sanitarie che sono stati sviluppati nel corso degli ultimi decenni hanno evidenziato come la qualità non dipende solo dalla conformità del singolo servizio (prodotto) o dall'assenza di disservizio (difetto) ma anche dalle caratteristiche dell'intero sistema aziendale all'interno del quale il prodotto-servizio nasce. Gli operatori costituiscono una preziosa risorsa nelle mani del management. Oltre a selezionare il personale, ad assumerlo, formarlo, gestirlo, oltre ad elaborare piani di sviluppo degli individui e dei sistemi, deve essere curato ogni aspetto inerente l'integrazione degli operatori nel sistema delle responsabilità e la diffusione del senso di appartenenza. Accanto agli aspetti materiali ed economici, risultano sempre più importanti alcuni fattori metodologici per cui l'intuito dei dirigenti e dei quadri non basta più e la capacità di gestire l'intelligenza umana, di trasformare l'output intellettivo in un servizio o *cluster* di servizi sta diventando rapidamente la competenza più importante del dirigente di questa era[4]. Tra i portatori di interessi (*stakeholder*), ovvero tra coloro che scommettono sull'organizzazione e che hanno un legame forte con essa, rientrano, oltre agli azionisti, ai partner e agli amministratori, in primo luogo i dipendenti.

I clienti interni sono tutti coloro che compiono un'attività interna all'organizzazione, intesa come un sistema sociale complesso nel quale i codici comunicazionali personali e professionali devono necessariamente fluire secondo regole più o meno codificate la cui condivisione e accettazione permettere il migliore raggiungimento degli obiettivi istituzionali.

La qualità della comunicazione e della relazione non può essere dunque limitata ad una sola parte, pur se rilevante, nel quotidiano dell'ospedale, quale la relazione diretta con l'utente. Gli scambi informativi, le relazioni umane, la trasmissione di stati emozionali oltre che di decisioni, accompagnano fisiologicamente la vita organizzativa di tutti i giorni e in tutte le sue articolazioni e ne condizionano il clima generale nonché i livelli di performance. La pluralità dei rapporti contribuisce alla qualità totale: è improbabile che un medico piuttosto che un infermiere riescano ad avere un giusto orientamento interpersonale verso l'utente o il paziente se esistono incomprensioni conflitti, competizioni patologiche. Questa situazione interferirebbe con una adeguata serenità operativa, condizione indispensabile perché un individuo possa dedicare sufficiente ed equilibrata attenzione "all'altro bisognoso".

Nasce, quindi, la necessità di considerare il cliente interno come "interlocutore dell'organizzazione per favorire in lui una maggiore coscienza di un costante doppio ruolo: ad un tempo egli è cliente e fornitore di un servizio"[5]. In letteratura si evidenzia che le azioni orientate verso lo sviluppo degli stili relazionali dell'appartenenza e della fidelizzazione dei dipendenti sono una componente fondamentale del processo di miglioramento del servizio per i clienti esterni. Non a caso le imprese con maggiore fedeltà del personale manifestano anche i più elevati livelli di qualità del servizio e più bassi livelli di costo.

L'attenzione al "fattore umano" è fondamentale se non si vuole rischiare che grandi ristrutturazioni aziendali vadano ad arenarsi a causa del mancato "adattamento" delle risorse umane alle nuove procedure. Gestire il cambiamento

---

[4] Maria Caroli et al., Tendenze nuove, Il Mulino 2003

[5] Favretto G., Il cliente nella sanità, Franco Angeli/Sanità, Milano, 2002.

aziendale sotto il profilo psico-sociale è fondamentale per fare in modo che gli uomini diventino alfieri e non pedine dei processi di trasformazione aziendali.

Anche i sistemi sanitari, non sono esentati da questo processo di profondo cambiamento, che si sta attuando in tutti i paesi industrializzati. Diverse sono le cause alla base di tale evoluzione, da una parte si pongono motivazioni legate alla fisiologica maturazione dei sistemi, che agiscono sia sul fronte della domanda che su quello dell'offerta. Dall'altra agiscono fattori che si pongono più a monte dei sistemi sanitari stessi, ed hanno un effetto rilevante sul processo evolutivo in atto[6]. Si fa qui riferimento ai due processi che in modo strettamente interconnesso stanno incidendo profondamente sul contesto istituzionale europeo: il processo di globalizzazione e quello di integrazione, fondato sul principio di sussidiarietà.

È riconosciuto dalla generalità degli studiosi come la difficoltà dei sistemi sanitari si collochino nel quadro della crisi del welfare; come l'equilibrio del sistema sanitario sia nei paesi avanzati messo in discussione dall'allungamento della vita e, paradossalmente, dallo sviluppo scientifico e tecnologico delle conoscenze mediche; come il federalismo sanitario sia la proiezione in sanità della riforma federale dello Stato che si sta sviluppando, pur con modalità diverse, tendenzialmente in tutti i paesi avanzati.

È, quindi, fondamentale evidenziare che esistono delle interconnessioni profonde fra la sanità e il contesto socio-economico e istituzionale in cui essa si colloca.

---

[6] Velo D., La sanità di fronte ai processi di cambiamento strutturale della società e dello stato: razionalizzazione versus innovazione, Management e organizzazione sanitaria, Riv. Scient. Trim., vol.I, 2004, pag. 45-48.

Tradizionalmente abbiamo vissuto in sistemi in cui le dimensioni dell'economia e dello Stato coincidevano; i singoli Stati hanno maturato modelli di organizzazione sociale specifici, con forte autonomia gli uni dagli altri.

I processi storici, l'interdipendenza fra Stati, la competizione economica internazionale hanno posto limiti alla libertà di ogni singolo Stato nel plasmare il proprio ordine interno, sia per quanto riguarda la dimensione economico-sociale che istituzionale.

I processo di globalizzazione, sviluppatosi nei decenni più recenti, ha attivato una competizione fra sistemi che tende a omogeneizzarli.

La difesa della propria competività ha interessato inizialmente il sistema produttivo, successivamente ha coinvolto tutte le politiche sociali; per i paesi europei ciò ha significato la necessità di riconsiderare criticamente il welfare state così come delineatosi nel corso del XX secolo.

La lievitazione dei costi del welfare è più facilmente rilevabile in due settori complementari, sostituiti dal sistema pensionistico e dal sistema sanitario.

Entrambi questi settori sono stati investiti da cambiamenti profondi sia sul fronte della domanda che dell'offerta. Si consideri in modo specifico il sistema sanitario, dal lato della domanda, fattori demografici e socioeconomici hanno fatto lievitare i consumi dei servizi sanitari, sia in termini quantitativi che in termini di valore aggiunto, di ogni singola prestazione. Dal lato dell'offerta, il progresso scientifico e tecnologico ha consentito di migliorare la qualità delle prestazioni e hanno allungato le aspettative di vita; l'impatto sulla lievitazione dei costi risulta evidente.

Di conseguenza le risorse umane, anche all'interno di una struttura sanitaria diventano un fattore chiave ed elemento del vantaggio competitivo per il successo dell'organizzazione sanitaria stessa. La conseguenza logica è che sempre più numerose direzioni di aziende ospedaliere all'interno delle loro strutture si adoperano per dare assoluta priorità e un'attenzione costante alla qualità delle risorse umane, attuando interventi di sviluppo mirati, progettati sulla base di diagnosi accurate, fondate scientificamente, utilizzando strumenti qualificati e professionalità specifiche.

Il problema di maggior difficoltà per implementare questa trasformazione, dunque, non è tanto l'introduzione di nuovi strumenti di gestione a supporto del management strategico, quanto piuttosto di inserire dei meccanismi istituzionali di incentivo a comportamenti orientati all'efficienza e all'efficacia economica.

Il modello della relazione lavoratori-organizzazione nelle "organizzazioni in salute" vede i lavoratori come adulti che possano ampiamente contribuire al successo della loro organizzazione[7], a patto che si creino le condizioni per la loro sicurezza, per il soddisfacimento dei bisogni di significato e di riconoscimento, per la considerazione delle esigenze di apprendimento, informazione e giustizia.

---

[7] Contini G., Gli artefici della qualità, Centro Scientifico Editore, 1998.

II Capitolo. **Il concetto di clima: dalla definizione alla rilevazione**

2.1Evoluzione del concetto di clima organizzativo in letteratura

Da quanto sin qui esposto si evince come uno dei principi fondamentali dei moderni sistemi di gestione della qualità sia il coinvolgimento partecipato del personale.

La qualificazione, la formazione, l'aggiornamento e la partecipazione attiva del personale sono aspetti essenziali e strategici per assicurare la continuità del lavoro sulla qualità e per dare concretezza alla filosofia del "miglioramento continuo della qualità". Nei programmi di Accreditamento/Certificazione la valorizzazione delle risorse umane è il punto focale, che prevede, tra i tanti elementi, la conoscenza del grado di soddisfazione e di coinvolgimento del personale del Servizio, vale a dire il "clima interno". La conoscenza ed il miglioramento del clima interno non deve rappresentare uno sforzo isolato ed episodico, ma piuttosto deve rientrare fra i programmi che la direzione Aziendale elabora ed attiva su base continuativa.

In un'indagine di clima aziendale si analizza un'organizzazione "pensata e percepita" dal proprio pubblico interno. Si rilevano, in tal modo, ansie e speranze che fanno parte del piano personale di ciascun soggetto: come le persone sentono, vivono e credono la propria azienda. Il punto di riferimento non è quello oggettivo, delle analisi o dei check-up, ma esclusivamente quello personale, soggettivo, di ciascun dipendente. In tal senso ha ben ragione Enzo Spaltro a parlare di "altra faccia della luna"[8]. L'analisi del clima permette

[8] Spaltro, E., Il check up organizzativo, Milano Isedi, 1977.

all'organizzazione di cogliere un'immagine di se stessa che non deriva semplicemente dai classici criteri di costi e profitti.

Uno degli scopi dell'indagine di clima è quello di costruire in concreto un sistema di indicatori in grado di misurare la salute organizzativa, non solo dal punto di vista oggettivo, di input e output, di costi e rendimenti, di controllo di gestione, cosa già in molti casi realizzata, ma anche dal punto di vista soggettivo che tenga cioè conto della motivazione e della soddisfazione lavorativa delle risorse umane come fattori parimenti essenziali e determinanti.

L'attenzione al "fattore umano" è fondamentale se non si vuole rischiare che grandi ristrutturazioni aziendali vadano ad arenarsi a causa del mancato "adattamento" delle risorse umane alle nuove procedure.

La *nuova organizzazione* impegnata nell'implementazione delle condizioni di flessibilità, di qualità totale, di gestione delle reti, dell'idea di servizio trova nel soggetto organizzativo un attivatore ed un referente valoriale e interpretativo imprescindibile.

Ciò significa vedere in modo nuovo la relazione che va dal micro livello dell'individuo come risorsa organizzativa (la gestione della risorsa umana) al macro livello dell'organizzazione come risorsa collettiva [9]

Questa nuova relazione, definita anche "solidarietà organizzativa", è anche un modo di pensare l'organizzazione come "comune sentire", come emozione collettiva dunque come *spazio negoziale* tra individuo e collettivo ovvero come clima organizzativo.

[9] Quaglino, G.P. and G. Varchetta, *Complessità e organizzazione.* Sviluppo e organizzazione, 1986(95): p. 17-29.

Si ritiene opportuno fare un breve richiamo agli autori più significativi, che con il loro contributo hanno determinato l'evoluzione del concetto di clima aziendale o *atmosfera di gruppo.*

Alla fine degli anni "30 Lewin, in seguito alle osservazioni dei fenomeni prodotti da differenti stili di *leadership* nei gruppi e nei vissuti interpersonali, ha introdotto il concetto di clima o atmosfera sociale a livello di fenomeno organizzativo.

Lewin indica le condizioni di tipo psico-sociale che si vengono a creare nei gruppi con "il concetto di *atmosfera*[10]*":* l'atmosfera è qualcosa d'intangibile, una proprietà della situazione sociale complessiva, e potrà essere valutata scientificamente solo se verrà valutata da questo punto di vista. Lo stesso è in particolare vero per ciò che riguarda l'*atmosfera sociale* in un'organizzazione: il suo essere favorevole, ostile o tesa. Lewin sostiene che lo stile di leadership partecipativo influenza positivamente il clima aziendale incrementando la soddisfazione lavorativa e migliorando le performance aziendali.

Solo trent'anni dopo gli studi di Lewin il concetto di clima sociale viene mutuato dagli psicologi americani di stampo comportamentista che si interessavano di *management* e di efficienza organizzativa.

Argyris è forse il primo ad impiegare il concetto di "*organizational climate*"[11], coniandone il termine e sviluppando un vero e proprio modello. In esso trovano spazio tre gruppi di variabili organizzative: le politiche, le procedure e le posizioni

---

[10] Lewin, G.H. and R.A. Stringer, *Motivation and organizational climate.* 1968, Cambridge: Harvard Univerity Press.

[11] Argyris, C., Some problems in conceptualizing organizational climate: a case of study of a bank. Administrative Science Quarterly, 1958. 2: p. 501-520.

formali nell'organizzazione; i fattori personali che includono bisogni, valori e capacità individuali; l'insieme di variabili associate con gli sforzi degli individui per conformare i propri fini con quelli dell'organizzazione. Queste variabili, nel loro complesso, vanno a definire il campo di analisi chiamato *organizational behavior* ovvero quel "livello di analisi discreto, risultante dall'interazione dei livelli di analisi individuale, formale, informale e culturale". Argyris identifica il clima/morale come un processo dinamico, è cioè un elemento di regolazione del sistema organizzativo che ne permette il funzionamento.

Un primo modo di vedere i climi è concepirli come una caratteristica o un attributo dell'organizzazione nel suo insieme.

Secondo James e Jones questa ipotesi si è articolata in due approcci: "un *approccio che ha utilizzato indicatori oggettivi multipli del clima come attributo organizzativo* e un *approccio che ha utilizzato misure percettive di un attributo organizzativo*"[12].

Nel primo il clima è visto come un insieme di caratteristiche che descrive un'organizzazione e che: a) la distingue da altre organizzazioni, b) sono relativamente durevoli, e c) influenzano il comportamento degli individui nell'organizzazione.

Forehand e Gilmer definiscono in questo modo quello che sarà il campo di indagine dei climi organizzativi sostenendo la necessità di "rendere operativo questo concetto se si vuole descrivere gli effetti delle variazioni ambientali sul

---

[12] James R.L. and Jones A.P., Organizational structure: a review of structural dimensions and their conceptual relationship with individual attitudes and behavior, Technical Report, Forth Worth, Texas Christian University.

comportamento individuale"[13], individuando le modalità di misurazione, le sue dimensioni, le relazioni con il comportamento e le implicazioni di tali relazioni sul funzionamento delle organizzazioni. Seguendo l'analogia tra "clima organizzativo" e "personalità individuale" gli autori propongono un certo numero di "tratti" climatici: la *dimensione*, la *struttura di autorità e le relazioni tra persone e gruppi*, la *complessità sistemica*, la *direzione dei fini organizzativi* e lo *stile di leadership* variabile sulla quale non nascondono qualche riserva dovuta al suo carattere *soggettivo*.

Anche il contributo di Litwin e Stringer, esplicitamente ispirato agli studi eseguiti da Lewin sulle atmosfere di gruppo, è in linea con questa concezione. Gli autori simulano tre ambienti aziendali con differenti climi[14]: il primo strutturato in modo *autoritario*, il secondo in modo *democratico/amichevole* ed il terzo *orientato al successo individuale*. A tal proposito è utile rilevare che i risultati sono riconducibili a quelli ottenuti da Lewin: i climi organizzativi variano in funzione dei diversi stili di *leadership* esercitati ed hanno effetti diversi sulle motivazioni dei membri, sulla *performance* e sulla soddisfazione al lavoro.

Nel secondo approccio ai climi c'è invece una maggiore considerazione degli elementi percettivi. La definizione di Campbell è emblematica: il clima è visto come un insieme di attributi specifici[15] ad una particolare organizzazione che possono essere indotti dal modo in cui l'organizzazione tratta i suoi membri e il suo ambiente. Per l'individuo, membro dell'organizzazione, il clima prende la

---

[13] Forehand, G.A. and H.B. Gilmer, Environmental variation in studies of organizational behavior. Psychological Bulletin, 1964, p. 361-382.

[14] Litwin, G.H. and R.A. Stringer, *Motivation and organizational climate*. 1968, Cambridge: Harvard Univerity Press.

[15] Campbell, S., *Consolidation in a climate that doesn't favor for-profit conversion.* Health Care Strateg Manage, 1997, p. 18-19.

forma di una serie di atteggiamenti e di aspettative che descrivono l'organizzazione in termini sia di caratteristiche statiche (come il livello di autonomia), che di conseguenze comportamentali e risultati conseguenti.

L'inedita attenzione posta sulla natura percettiva del clima organizzativo pone però due serie di nuove questioni: la prima concernente il peso della *situazione data* e della *situazione percepita* nel determinare il comportamento e gli atteggiamenti nelle organizzazioni; la seconda riguarda la relazione tra fattori oggettivi e percettivi soprattutto per ciò che riguarda le definizioni e l'accuratezza di tali percezioni. Il clima organizzativo, in questa accezione, è visto come un *processo psicologico determinato dalla situazione in cui le variabili climatiche sono considerate fattori causali o intervenienti per prestazioni e atteggiamenti.* Tali fattori intervenienti mediano tra caratteristiche situazionali oggettive (processi organizzativi) e comportamento o tra caratteristiche individuali e comportamento.

Pritchard e Karasick contribuiscono ad una maggiore definizione del clima organizzativo così concepito introducendo la controversa questione della relazione tra clima e soddisfazione al lavoro[16]. Il clima è definito come una qualità relativamente durevole dell'ambiente interno di un'organizzazione che la distingue da altre organizzazioni: (a) che risulta dal comportamento e dalle politiche dei membri dell'organizzazione, specialmente dal top management; (b) che è percepito dai membri dell'organizzazione; (c) che serve come base per interpretare la situazione; (d) opera come una fonte di pressione per dirigere le attività.

---

[16] Pritchard, R.D. and B.W. Karasich, *The effect of organizational climate on managerial job performance and job satisfaction.* Organizational Behavior and Human Performance, 1973. **9**: p. 126-146.

È Guion([17]) che muovendo dalle evidenze di questa ricerca enfatizzerà gli elementi di contraddizione di questo approccio che a suo avviso emergerebbero dalla confusione del clima visto ora come "attributo organizzativo" ora come "attributo individuale": se ci si riferisce al clima come un attributo organizzativo misurato percettivamente (*perceived organizational climate*), sostiene Guion, l'*accuratezza* delle percezioni deve essere validata da misure oggettive della situazione, confrontando ad esempio, il "grado di autonomia" così come è percepito dai membri con misure oggettive della "formalizzazione", della "standardizzazione" e "specializzazione" compiute dai ricercatori. In altre parole l'introduzione delle percezioni individuali nella misurazione del clima introdurrebbe un elemento di varianza delineandosi come problema metodologico.

Una modalità di sviluppo dei suggerimenti e delle critiche di questi autori è rappresentata dalla formulazione di ipotesi sulle relazioni tra variabili strutturali e clima. Payne e Mansfield esaminano sia le relazioni tra differenti aspetti di clima e varie dimensioni della struttura e del contesto organizzativo[18] gli "effetti" del livello gerarchico sulle percezioni del clima organizzativo traendone l'impressione che "il concetto di clima organizzativo sia troppo grossolano per essere usato nella previsione del comportamento del sistema sociale da esso descritto".Payne e Pugh che individuano il *contesto* (mete, dimensioni, risorse, tecnologia, autonomia, proprietà) come capace di influenzare la *struttura* (formalizzazione, autorità, status, ruoli) che, a sua volta, è in relazione con il *clima* (sviluppo e crescita, accettazione dei rischi, calore, sostegno, controllo) enfatizzano il peso delle

---

[17] Guion, R.M., *A note on organizational climate.* Organizational Behavior and Human Performance, 1973, p. 120-125.

variabili strutturali[19]: il clima, *causa ed effetto di percezioni e variabili individuali* "descrive i processi comportamentali caratteristici in un sistema sociale in un particolare momento. Questi processi riflettono i valori, gli atteggiamenti e le credenze dei membri dell'organizzazione che diventano quindi parte del concetto". L'ipotesi chiave di Payne e Pugh è che *strutture diverse producono climi diversi* e, quindi, malgrado gli autori includano nel loro modello variabili psicologiche ovvero soggettive e variabili eminentemente strutturali essi riconducono comunque le prime alle seconde.

Sono invece sorprendenti le conclusioni di Lawler, Hall e Oldam che analizzano le relazioni tra variabili strutturali e clima organizzativo così come percepito dai membri, nonché quelle tra clima percepito, prestazione e soddisfazioni al lavoro. Sulla base delle evidenze empiriche raccolte sostengono che *la struttura non gioca un ruolo decisivo nel determinare il clima organizzativo*[20], ipotizzando che le percezioni di clima hanno a che fare più con l'esperienza quotidiana di lavoro che con la struttura dell'organizzazione.

In conclusione, le ricerche svolte da questi autori evidenziano che il clima organizzativo emergerebbe dagli aspetti "oggettivi" del contesto lavorativo e soprattutto in relazione alla *dimensione*, alla *centralizzazione* o *decentralizzazione dell'autorità* nei processi decisionali, al numero dei *livelli gerarchici*, al *tipo di tecnologia* usato nella produzione

---

[18] Payne, R.L. and R. Mansfield, Relationship of perceptions of organizational climate to organizational structure, context e hierrchical position. Administrative Science Quarterly, 1973, p. 515-526.

[19] Payne, R. and D.S. Pugh, *Organization structure and climate*, in *Handbook of Industrial and Organizational psychology*, M.D. Dunnette, Editor. 1976, Rand McNally: Chicago. p. 1125-1173

[20] Lawler, E.E.I., D.T. Hall, and G.R. Oldham, *Organizational climate: relationship to organizational structure, process and performance.* Organizational Behavior and Human Performance, 1974, p. 139-155.

Questi elementi, etichettati come "struttura organizzativa" costituiscono la centralità del pensiero di questi autori. I quali pur considerando l'influenza di elementi soggettivo/percettivi o legati alla personalità dei membri, affermano che è la "struttura organizzativa" a determinare il clima organizzativo in modo relativamente indipendente dalla percezione dei membri.

Più volte sono state indicate le debolezze di questi approcci, si veda James & Jones; Schneider. La critica mossa da James e Jones riguarda la difficoltà che queste ipotesi denotano nel differenziarsi chiaramente dagli studi degli attributi o dimensioni organizzative ai quali altri teorici dell'organizzazione avevano fatto riferimento come *variabili situazionali* o *di struttura*[21]. Inoltre le evidenze empiriche sulla correlazione tra indicatori strutturali ed indicatori climatici sono alquanto contraddittori variando da ricerca a ricerca e da campione a campione, rendendo difficile la comparazione tra i diversi autori.

Le ipotesi analizzate, sembra, sottovalutino o non considerino adeguatamente che "contesto", "struttura", "mete" ecc. *non sono fenomeni naturali* ma soluzioni contingenti, indeterminate, arbitrarie, come evidenziano Crozier & Friedberg e finiscano col disconoscere il peso degli elementi *soggettivi* o *strategici* accettando che esista un sostanziale consenso delle percezioni climatiche spiegato dall'identità della struttura organizzativa che le informerebbe[22]. Così facendo non possono spiegarsi, ad esempio, le differenze climatiche che sembra emergano tra gruppi di lavoro nella stessa organizzazione perché, se la struttura organizzativa può aiutare a distinguere tra organizzazioni diverse, essa è considerata stimolo

---

[21] James, R.L. and A.P. Jones, *Organizational structure: a review of structural dimensions and their conceptual relationship with individual attitudes and behavior, ndeg.75,,*. 1974, Technical Report, Forth Worth, Texas Christian University
[22] Crozier, M. and E. Friedberg, Attore sociale e sistema. 1978, Milano: Etas.

unico di un unico clima, capace di informare l'intera organizzazione. Ma, soprattutto, reificando la struttura organizzativa si perde completamente di vista quell'area negoziale e negoziata tra individui e tra individui e organizzazioni che dovrebbe avere una assoluta priorità nell'analisi psico-sociale delle organizzazioni. Nell'ultima parte avanziamo una idea per superare questa *naturalizzazione* degli aspetti strutturali nella analisi del clima.

L'approccio che sposta decisamente lo studio dei climi verso ipotesi percettive è quello che utilizza *misurazioni multiple di un attributo individuale*, così come evidenziato da James & Jones nel quale sono inclusi soprattutto i lavori di Schneider[23]. In essi gli autori definiscono il clima come un insieme di percezioni molari o globali che gli individui hanno del loro ambiente organizzativo e di lavoro[24]: queste percezioni globali rifletterebbero l'interazione tra caratteristiche personali e organizzative in quanto l'individuo "come elaboratore di informazioni (*informations processor*) usa gli inputs da: (a) gli eventi oggettivi e le caratteristiche dell'organizzazione; (b) le caratteristiche (valori, bisogni) del percettore".

Schneider sostiene che il clima deve essere descritto come *personalistico* ovvero come una percezione individuale ed aggiunge che "ciò che è psicologicamente importante per l'individuo è come egli percepisce il proprio ambiente di lavoro, non come altri lo descrivono", di conseguenza il clima organizzativo è decisamente un *attributo individuale*.

---

[23] Schneider, B., Organizational climate: individual preference and organizational realities. Journal of Applied Psychology, 1972, p. 211-217.

[24] James, R.L. and A.P. Jones, Organizational structure: a review of structural dimensions and their conceptual relationship with individual attitudes and behavior, ndeg.75,,. 1974, Technical Report, Forth Worth, Texas Christian University.

Sono riferite a queste ricerche le critiche mosse da Johannesson e Guion per alcuni aspetti omologhe: se per Johannesson valutare il clima come una misura percettiva rischia di riprodurre gli studi sugli atteggiamenti nei confronti del lavoro[25], per Guion se ci si riferisce al clima misurato percettivamente come ad un attributo individuale senza utilizzare alcun referente esterno per verificarne l'accuratezza, il pericolo è quello di "riscoprire la ruota" ovvero misurare ed etichettare vecchi costrutti come la soddisfazione al lavoro con nomi nuovi.

La soluzione suggerita da James e Jones, a queste come ad altre questioni sui climi, è quella di tenere ben distinti il clima visto come attributo organizzativo ed il clima come attributo individuale[26].

Quando considerato come un attributo organizzativo, il termine clima organizzativo appare appropriato. Quando considerato come un attributo individuale, è raccomandato l'impiego della nuova designazione di "clima psicologico".

Ed ancora, chiarendo i motivi teorici di tale distinzione:

Il clima organizzativo deve essere differenziato dal clima psicologico. Il clima organizzativo si riferisce ad attributi organizzativi ed ai loro effetti principali, o stimoli, mentre il clima psicologico si riferisce ad attributi individuali, chiamati processi psicologici intervenienti, per mezzo dei quali l'individuo trasforma l'interazione tra attributi organizzativi percepiti e caratteristiche individuali in una serie di aspettative, atteggiamenti, comportamenti.

---

[25] Johannesson, R.E., *Some problems in the measurement of organizational climate.* Organizational behavior and human performance, 1973, p. 118-144.

[26] Jones, A.P. and L.R. James, Psychological climate: dimensions and relationships of individual and aggregate work environment perceptions. Organizational Behavior and Human Performance, 1979, p. 201-250.

Probabilmente consapevoli dell'eccessivo formalismo di una tale distinzione James e Jones tenteranno successivamente di chiarire il rapporto tra clima organizzativo e clima psicologico ed in ultima analisi a loro avviso il *clima psicologico è la percezione del clima organizzativo, così come rilevato da* Quaglino([27])

Il concetto di clima psicologico diventerà assolutamente predominante negli studi successivi sui climi non prima però di aver affrontato il problema della relazione con il concetto di soddisfazione al lavoro a tal proposito è importante fare riferimento a Schneider & Snyder. La soluzione è una distinzione logica e concettuale che Schneider e Snyder formulano ed alla quale molti autori si rifaranno:

1. Il clima organizzativo è concettualizzato come una caratteristica delle *organizzazioni* che è riflessa nelle *descrizioni* fatte dai membri delle politiche, delle pratiche e delle condizioni che esistono nell'ambiente di lavoro.

2. La soddisfazione al lavoro è concettualizzata come una risposta affettiva degli *individui* che è riflessa nelle *valutazioni* fatte dai membri degli aspetti individualmente salienti del loro lavoro e dell'organizzazione per la quale lavorano[28].

Malgrado questi sforzi di concettualizzazione non mancheranno gli articoli polemici: Woodman e King si chiedono, dopo aver illustrato i maggiori ostacoli nelle ricerche sui climi se quest'ambito di ricerca non rientri piuttosto *nel folklore*

---

[27] Quaglino, G.P., Psicodinamica della vita organizzativa: competizione, difese, ambivalenze nelle relazioni di lavoro. 1996, Milano: Cortina.
[28] Schneider, B. and R.A. Snyder, *Some relationship between job satisfaction and organizational climate.* Journal of Applied Psychology, 1975. p. 318-328.

che nella scienza[29]. Restano però voci isolate e la ricerca sui climi psicologici, soprattutto negli Stati Uniti, si rivitalizzerà sulla base delle teorie cognitiviste in psicologia.

I limiti concettuali degli studi sui climi verrano rivisti al fine di superarli grazie ai suggerimenti che vengono dalla "teoria cognitiva dell'apprendimento sociale" e dalla "psicologia internazionale" da James l' autore propone di considerare il clima come "*rappresentazioni cognitive individuali di condizioni situazionali relativamente prossime, espresse in termini che riflettono interpretazioni psicologicamente significative della situazione*[30]". Gli individui cioè risponderebbero in primo luogo alle rappresentazioni cognitive della situazioni piuttosto che alla situazione in sé ed il clima psicologico sarebbe dunque assimilabile ad uno "schema di ordine elevato". Inoltre le rappresentazioni cognitive delle situazioni sarebbero correlate a precedenti esperienze, all'apprendimento ed alla memoria; infine si ipotizza che le cognizioni, i sentimenti, ed i comportamenti siano causalmente interattivi come pure la relazione tra individuo e situazione.

Pari importanza teorica per il consolidamento del costrutto clima psicologico ha l'articolo di Jones e James secondo i quali:

l'attuale trattamento del clima come un insieme di attributi psicologici fondati percettivamente sembra condividere al minimo le seguenti assunzioni e cioè che il

---

[29] Woodman, R.W. and D.C. King, *Organizational climate: science or folklore?* Academy of Management Review, 1978, p. 816-826.

[30] James, R.L. and A.P. Jones, *Organizational climate: a review of theory and research.* Psychological Bulletin, 1974, p. 1096-1112.

clima psicologico[31]: (a) si riferisce alle descrizioni individuali della situazione fondate cognitivamente; (b) comprende un processo psicologico di percezione specifiche nelle più astratte rappresentazioni delle influenze psicologicamente significative nella situazione; (c) tende ad essere più strettamente correlato a caratteristiche situazionali che hanno un legame relativamente diretto e immediato alla esperienza individuale; (d) è multidimensionale, con un nucleo centrale di dimensioni applicate attraverso una varietà di situazioni (benché l'aggiunta di dimensioni specifiche può essere voluta per meglio descrivere una situazione particolare).

Nonostante il notevole sforzo compiuto da questi autori per restituire la dimensione sociale e consensuale al clima, dopo averne spostato la genesi nelle percezioni climatiche, il tentativo resta insoddisfacente. Così come per le ipotesi strutturaliste ci chiediamo se il "dipartimento", "la posizione gerarchica", il "sottosistema" siano criteri adeguati o sufficienti per spiegare il consenso sulle percezioni del clima.

È soprattutto per l'inadeguatezza di tali risposte che alcuni autori mutueranno alcune ipotesi dall'interazionismo simbolico. Questa teoria permette di affermare che è l'interazione tra individui in risposta alla loro situazione a rendere possibile quel consenso che è la fonte e la premessa per parlare di clima organizzativo, così come evidenziato da Ashforth. Le specificità di questo approccio sembrano enfatizzarsi soprattutto a riguardo dell'emergenza del *significato*[32]: il significato non è negli oggetti stessi né è esclusivo prodotto di un individuo *elaboratore di*

---

[31] Jones, A.P. and L.R. James, *Psychological climate: dimensions and relationships of individual and aggregate work environment perceptions.* Organizational Behavior and Human Performance, 1979, p. 201-250.

processi, secondo la metafora cognitivista, ma piuttosto "esiste nella transazione comportamentale stessa.... è appreso nel tempo ed emerge da una serie di interazioni tra persone" a seguito di una intenzionalità degli attori la quale richiede consapevolezza di un "oggetto" che ha una propria autonomia.

Le ipotesi interazioniste sono dunque interessate a cogliere i contenuti delle interazioni che fanno emergere il clima sostenendo che l'interazione *comunicativa* di un individuo con ciascun altro permette di definire, interpretare e rispondere a elementi della situazione in un modo particolare.

Anche la fenomenologia influenza le ipotesi interazionali: Poole e McPhee rifacendosi ad essa intendono stabilire una relazione circolare tra individuo e organizzazione rompendo con ogni semplice riduzionismo lineare[33]. Il superamento di un modello lineare di influenza tra individuo e organizzazione è attuato adottando un modello di analisi *intersoggettivo*: la proposta degli autori è quella di una "*structurational theory*" che riesca a comprendere il livello macro/organizzativo ed il livello micro/individuale. Distinguendo tra *struttura* e *sistema* Poole e McPhee affermano il carattere intersoggettivo della prima: essa è un *costrutto* legato alle interazioni degli individui non riconducibile esclusivamente alle *cognition* individuali o a *dati* oggettivi percepibili; il sistema è invece costituito dagli esiti osservabili dell'agire che si verificano nella struttura ovvero quelle relazioni *normalizzate* e regolarizzate tra individui e gruppi. L'intersoggettività è dunque il processo attraverso il quale si costituisce un legame sopraindividuale tra le prospettive, interpretazioni, valori, credenze dei membri

---

[32] Ashforth, B.E., *Climate formation: issue and extensions.* Academy of Management Review, 1985, p. 837-847.

organizzativi: il clima è dunque un atteggiamento collettivo, prodotto e riprodotto in continuazione attraverso le interazioni fra i membri. Nella prospettiva strutturazionale il clima non è un semplice elenco di aspettative o credenze; esso comprende il modo di produzione e aspettative e credenze generalizzate.

Nella suddetta teoria il clima è dunque sia *medium* che *risultato* delle interazioni: è cioè *medium* capace di generare strutture e interpretare eventi organizzativi specifici ma anche *esito* delle pratiche e procedure che si svolgono nelle organizzazioni strutturate.

La critica principale che viene sollevata alle ipotesi interazioniste del clima è di non considerare adeguatamente il modo in cui il contesto sociale stabilizza e normalizza l'interazione rendendola ricorrente: "gli individui interagenti non formano le loro comuni percezioni *de novo*. Le loro interazioni sono altamente vincolate e regolate dai precedenti e profondi significati della cultura organizzativa manifesti in elementi come valori, norma e miti" gli autori che hanno evidenziato questo aspetto sono Moran & Volkwein[34]. Le dimensioni del clima non posseggono, dunque, né una qualità universale né una esistenza indipendente dal contesto sociale al quale si riferiscono e lo studio della cultura organizzativa può aiutare a prendere in considerazione quel "differenziale antropologico" che sembra mancare al costrutto climatico, gli autori interessati a questo aspetto sono: Cartoccio & Varchetta([35]).

---

[33] Poole, M.S. and R.D. McPhee, *A structurational analysis of organizational climate*, in *Communications and organizations, an interpretative approach*, L. Putnam and M. Pacanowsky, Editors. 1983, Sage: Beverly Hills. p. 195-219.

[34] Moran, E.T. and J.F. Volkwein, *The cultural approach to the formation of organizational climate.* Human Relations, 1992, p. 19-47.

[35] Cartoccio, A. and G. Varchetta, *Cultura aziendale e sviluppo organizzativo,.* Sviluppo Organizzativo, 1985, p. 37-49.

Le prime ipotesi di relazioni tra climi e cultura organizzativa sono contenute nei lavori di Glick [1985] e Ashforth [1985].

Glick analizza la letteratura sui climi organizzativi facendo riferimento ad alcuni nodi problematici: le unità della teoria, le determinanti del clima, le regole di composizione, l'accordo percettivo, la dimensionalità del clima. L'argomentazione chiave è contenuta nella polemica con quegli autori che hanno identificato il clima organizzativo con la media dei fattori di misurazione del clima psicologico. Il clima, secondo Glick, è invece il risultato di processi socio-organizzativi e quindi "deve essere concettualizzato come un fenomeno organizzativo non come una semplice aggregazione del clima psicologico".

Ma ristabilendo la specificità del clima organizzativo rispetto a quello di clima psicologico Glick stabilisce anche una relazione tra il clima ed il concetto di cultura organizzativa. Così come il clima, la cultura "è una classe estesa di variabili organizzative e psicologiche che riflettono interazioni individuali in un ambito organizzativo". Glick si sofferma su alcuni elementi di continuità e di discontinuità tra i due ambiti di ricerca senza però proporre un vero e proprio modello.

Ashfort sembra muoversi parzialmente in questa direzione innestando il discorso sulla cultura organizzativa sulle ipotesi interazioniste della genesi del clima[36]. Accanto al "gruppo di lavoro", all' "affettività" ed all'"ambiente fisico" quelle sulla "cultura" sembrano essere argomentazioni più originali nella spiegazione del clima. Concependola come un insieme di "valori e di assunti dati per scontati" l'ipotesi centrale dell'autore sulla cultura è che essa *informi* il clima

---

[36] Ashforth, B.E., *Climate formation: issue and extensions.* Academy of Management Review, 1985, p. 837-847.

indicando gli "oggetti" significativi per gli individui e che una tale funzione si svolga: a) *direttamente*, aiutando gli individui a definire che cosa è importante ed attribuendo così un senso alla loro esperienza; b) *indirettamente* influenzando l'ambiente di lavoro "oggettivo", ossia il materiale grezzo delle percezioni climatiche. In definitiva assunzioni e valori che costituiscono la cultura organizzativa forniscono un modo di vedere, di relazionarsi e anche di sentire il mondo -- una ideologia. Quindi, mentre le assunzioni e i valori culturali tendono anche ad essere condivisi e durevoli, sottostanno alle percezioni e inferenze ed aiutano a definire ciò che è psicologicamente importante (ad es. realizzazione, affiliazione).

Ornstein tenta invece di studiare empiricamente la relazione tra simboli organizzativi e percezioni climatiche in un'ottica, dunque, psicologica[37]. I risultati della ricerca sembrano confermare nella sostanza le ipotesi formulate dall'autore: i simboli agirebbero come *comunicatori* di informazioni e significati ma anche gli oggetti fisici possono agire da simboli veicolando significati non legati alla funzione dell'oggetto stesso.

I costrutti di clima e cultura non vanno dunque confusi: secondo Ornstein la cultura è "un concetto globale generalmente riferito a norme, valori e fini organizzativi mentre il clima è definito come descrizione individuale delle condizioni di lavoro di un'organizzazione".

---

[37] Ornstein, S., *Organizational symbols: a study of their meanings and influences on perceived psychological climate.* Organizational Behavior and Human Performance, 1986, p. 207-229.

Senz'altro più solido teoricamente è il contributo di Moran e Volkwein: il tentativo degli autori è quello di prefigurare un approccio culturale alla spiegazione della formazione del clima. La definizione di clima che questi autori propongono richiama esplicitamente quella già vista di Forehand e Gilmer, ma è integrata ed arricchita dalle ipotesi sulle relazioni con la cultura organizzativa:

Il clima organizzativo è una caratteristica relativamente durevole di una organizzazione che la distingue da altre organizzazioni: e (a) incarna le percezioni collettive dei membri sulla loro organizzazione con rispetto a dimensioni come autonomia, fiducia, coesione, supporto, riconoscimento, innovazione ed equità; (b) è prodotto dalla interazione dei membri; (c) serve come base per interpretare la situazione; (d) riflette le norme, i valori e gli atteggiamenti della cultura organizzativa; e (e) agisce come una fonte per forgiare il comportamento, questo concetto è stato evidenziato da Moran & Volkwein ed andando meglio chiarendo l'approccio culturale:

l'approccio culturale si focalizza sul modo in cui i gruppi interpretano, costruiscono e negoziano la realtà attraverso la creazione di una cultura organizzativa[38]. La cultura organizzativa contiene gli elementi essenziali dei valori, spiegazioni negoziate e significati storicamente costituiti che impregnano le azioni con propositi e valutazioni consensuali rendendo possibile gli sforzi organizzati e, quindi, le organizzazioni.

Gli autori avanzano dunque una serie di ipotesi sulla relazione tra clima e cultura. Mentre il clima sarebbe una caratteristica *relativamente* durevole dell'organizzazione la cultura è una caratteristica *molto* durevole

---

[38] *Moran, E.T. and J.F. Volkwein, The cultural approach to the formation of organizational climate. Human Relations, 1992, p. 19-47.*

dell'organizzazione stessa, dunque, evolve solo lentamente in quanto essa è in un certo senso "una registrazione dell'interpretazione della storia di una unità sociale e dipende dall'esistenza di un passato conosciuto di notevole durata. Inoltre il clima come realtà organizzativa è più superficiale rispetto alla cultura e si forma e trasforma più rapidamente. Se il clima opera al livello di atteggiamenti e valori, la cultura opera non solo a questi livelli ma anche al livello di assunzioni inconsce di una collettività di individui.

Il clima organizzativo sembra dunque includere quei comportamenti che agiscono ai livelli dei "valori" e delle "creazioni" (le *forme* di una cultura). In altre parole il clima è "una risposta che un gruppo di individui interagenti, che sono informati e vincolati da una comune cultura organizzativa, dà alle domande e contingenze emergenti negli ambienti interni ed esterni dell'organizzazione" così come evidenziato da Moran & Volkwein. Ciò significa che il clima interseca le forme della cultura, che sono quelle pratiche culturali delle quali gli individui hanno una esperienza più consapevole ed immediata, non la sostanza della cultura organizzativa[39].

---

[39] Quaglino G.P., Cortese C., Ronco P., Un nuovo impianto di rilevazione del profilo climatico che sottolinea il rapporto tra l'analisi del clima e quella culturale, in Riv. Sviluppo & Organizzazione n° 147 Gennaio/Febbraio 1995, pag. 73-78.

2.2L'indagine di clima in una struttura sanitaria

Le aziende ospedaliere che decidono di affrontare un' indagine di clima aziendale vogliono, evidentemente, compiere un "progetto con forte innovazione" con la consapevolezza che la reale valorizzazione di tutte le forze in gioco sia l'elemento essenziale e la condizione di successo.

Nel caso di una struttura sanitaria, per realizzare ciò, è necessario lanciare un "patto di alleanza" interno dell'Azienda, fra l'area dirigenziale medica e non medica e di collaborazione con l'area infermieristica, tecnica ed amministrativa avendo come punto di riferimento esclusivo e determinante "la qualità della prestazione al cittadino-cliente" nell'ottica di promuovere la salute rispetto alla cura, vale a dire di collocare la prestazione ambulatoriale e di ricovero ospedaliero nella continuità del servizio assistenziale che trova complementarità nei servizi territoriali ed in quelli socio-assistenziali.

È importante evidenziare che il lavoro terapeutico e assistenziale si presenta caratterizzato principalmente, da prodotti/servizi, da lavorazioni/processi che si intrecciano con le aree maggiormente problematiche della soggettività umana, con i vissuti dolorosi del limite e dell'incertezza,con il timore della malattia e della morte. Tale lavoro, nonostante gli straordinari sviluppi della tecnologia, non può prescindere dalla relazione tra persone, tra chi richiede e chi offre un aiuto, ed eludere lo squilibrio, disorientante sul piano emotivo, che essa comporta. Per molti aspetti del ciclo produttivo che ruota attorno all'azione terapeutica, la persona dell'operatore sanitario costituisce lo strumento tecnologico per eccellenza. Lo spessore del lavoro assistenziale rischia di essere talora appiattito dall'ottica di modelli formativi e gestionali rigidi, semplicistici. Questi, seppur capaci di offrire risposte immediate e pragmatiche a bisogni congiunturali, nel lungo periodo si possono rivelare inutili e dannosi, se impediscono di pensare a fondo il nodo della soggettività umana, dei bisogni di cura ed il loro intreccio con la "produzione" di servizi alle persone.

Un pragmatismo spinto rischia talora di produrre e legittimare, in una sorta d'ideologia dell'emergenza, che non facilita la soluzione dei problemi pertinenti il lavoro terapeutico/assistenziale, ma contribuiscono ad allontanarne/alienare i termini dall'orizzonte della coscienza individuale e collettiva. La congruenza dei modelli di riferimento, in ambito formativo e gestionale, è indubbiamente pre-requisito di un percorso che miri alla qualità nei servizi sanitari. È necessaria la consapevolezza che nell'ospedale, accanto alle variabili "hard" (perimetri murari, risorse economiche, tecnologie, norme giuridiche), agiscono necessariamente e contestualmente, conflitti, condizioni fisiche e psichiche) che i diversi attori sociali implicati immettono nel "campo operatorio" del curare, e che sono i responsabili di una quota non trascurabile della plasticità del sistema stesso, della sua razionalità ed efficacia.La valenza della soggettività degli operatori che lavorano all'interno delle strutture sanitarie, in mancanza di un modello esplicativo che ne consenta una lettura, una definizione adeguata, rischia di essere non considerata nell'ambito di una razionalizzazione semplicistica della realtà lavorativa, definita sulla base delle semplici variabili "hard" della struttura, più facilmente visibili e misurabili. Attribuire importanza alla dimensione soggettiva consente di sciogliere i nodi caldi che si ripropongono come turbolenze inattese, comc rigidità non spiegabili, come disagio diffuso e come dinamiche regressive in rotta di collisione con la razionalità organizzata. Alcuni autori, con i loro lavori scientifici pionieristici, hanno contribuito a sviluppare una maggiore consapevolezza delle linee di forza più interne delle strutture sanitarie e a delineare possibili e più integrati paradigmi operativi. Herzberg si colloca all'interno della "scuola motivazionalista", che si pone come obiettivo di individuare "generatori" autonomi di motivazioni al lavoro[40]. La teoria di Herzberg, (teoria dei due fattori)[41] individua le variabili intrinseche ed estrinseche, che influenzano direttamente la soddisfazione del lavoro.

Dunque la soddisfazione per il lavoro può essere descritta attraverso due dimensioni relativamente indipendenti fra loro. Esse riguardano:

- gli aspetti intrinseci della soddisfazione che includono il raggiungimento di un successo (riconoscimenti ed altri aspetti direttamente correlati con il lavoro);
- gli aspetti estrinseci che comprendono le condizioni di lavoro, la supervisione ed altri elementi direttamente correlati con il contesto ambientale dove si svolge il lavoro.

Possiamo ritenere appartenenti alla prima categoria i fattori seguenti:

- percezione di svolgere un lavoro importante e di assumere responsabilità significative e autonomi
- percezione di erogare prestazioni di qualità (per fare degli esempi relativi all'ambito assistenziale, basso indice di complicanze quali lesioni cutanee, cadute ecc., alto indice di apprendimento degli insegnamenti finalizzati all'autogestione, alto indice di soddisfazione dei clienti)

---

[40] F. Herzberg Work and the Nature of Man, 1966

- possibilità di accedere a programmi di sviluppo del personale (dall'inserimento guidato in una nuova U.O. alla formazione permanente)
- rapporti con i superiori, i colleghi e altri operatore (la situazione più volte giudicata ottimale è rappresentata dall'esistenza di un vero e proprio lavoro di gruppo)
- coinvolgimento nella vita dell'U.O. e nelle decisioni che in essa vengono assunte

Per quanto riguarda i fattori igienici si fa riferimento secondo Herzberg ai fattori seguenti:

- stipendio e altri istituiti contrattuali (incentivazioni…)
- organico in rapporto al carico di lavoro
- tipo di orario, programma delle ferie ecc.
- ambiente possibilità di carriera
- tempo dedicato allo svolgimento di attività improprie

Secondo l'autore, questi due tipi di elementi (intrinseci ed estrinseci) influiscono sulla soddisfazione e sulla insoddisfazione in modo diametralmente opposto. Infatti, i fattori intrinseci (definiti *motivators*) possono solo migliorare la soddisfazione del lavoro, mentre i fattori estrinseci (definiti *hygiene factors*) agiscono nella riduzione dell'insoddisfazione. Questa teoria, nota come la teoria dei due fattori, è stata spesso usata come base di partenza per i cosiddetti studi sull'arricchimento del lavoro. Ricerche successive hanno dimostrato che questo modello si presentava un pò troppo semplicistico e che tanto i fattori intrinseci,

---

[41] Herzberg, F. and L. Herzberg, *The motivation to work*. 1959, New York: 1959.

quanto quelli estrinseci, influenzavano la soddisfazione e l'insoddisfazione del lavoro.

Menzies mette in luce l'intreccio tra dinamiche organizzative e meccanismi di difesa conto angosce primarie nel lavoro infermieristico42.

Freudenberger (1974) utilizza per la prima volta in ambito sociosanitario il termine burn-out (bruciato, scoppiato), che nel giornalismo sportivo anglosassone descrive il brusco calo di rendimento di un atleta, dovuto al venire meno degli stimoli motivazionali. Con tale termine egli indica una condizione d'esaurimento fisico ed emotivo, riscontrata tra gli operatori impegnati in helping profession, e determinata dalla tensione emotiva cronica creata dal contatto e dall'impegno continui ed intensi con le persone, i loro problemi e le loro sofferenze.

Maslasch dà una definizione operativa di Sindrome di burn-out composta da: 1) esaurimento emozionale, caratterizzato da perdita di energia e sensazione di aver esaurito le proprie risorse emozionali 2) depersonalizzazione caratterizzata dalla tendenza, difensiva, a trattare i clienti come oggetti e non come persone 3) ridotta realizzazione personale caratterizzata dalla sensazione che nel rapporto con gli altri la propria competenza stia venendo meno43. Cherniss ha osservato e descritto la Sindrome di burn-out in operatori di Servizi sociosanitari e l'ha messa in relazione con massicci processi di ristrutturazione, con processi di ridefinizione delle identità professionali, con assetti organizzativi squilibrati, con stili di comunicazione problematici, con carenza d'adeguati sistemi premianti,

[42] Menzies D.P., I sistemi sociali come difesa dall'ansia. Studio sul servizio infermieristico di un ospedale, in Psicoterapia e Scienze umane 1-2, pp. 39-56, 1973

[43] Maslach C. (1994) Maslach Burnout Inventory, Organizzazioni speciali, Firenze

evidenziano i fattori di rischio e protezione44. Il processo burn-out che una volta avviato è difficilmente reversibile, inizia dunque come risposta di difesa, quando l'operatore prova uno stress che non può riesce ad alleviare attraverso una soluzione attiva del problema. In altri termini quando si convince che la distanza tra lui ed i bisogni dell'utenza e le risorse disponibili, nell'organizzazione ed in se stesso, è incolmabile.

A quel punto egli assume un atteggiamento di distacco, talora fastidio e d'ostilità nei confronti dell'utenza e del lavoro.

Tale atteggiamento dovrebbe difenderlo, proteggerlo dallo stress ma la strategia adottata, l'evitamento della sofferenza psicologica attraverso una impostazione mentale "antalgica", si rivela poco produttiva e a sua volta fonte di disagio. Situazioni cristallizzate di stress e d'ansia non individuate intaccano negativamente non solo le potenzialità del singolo, ma anche quelle della struttura nel suo complesso.

---

[44] Cherniss C. (1986); La sindrome del burn-out. Lo stress lavorativo degli operatori dei servizi socio sanitari. CST Centro Scientifico, Torino.

2.3La rilevazione della staff satisfaction

Come per il mercato esterno le aziende si sono dotate di abilità, conoscenze e strumenti operativi per capire, conoscere, attivare, conquistare, mantenere e fidelizzare il cliente, così per il mercato interno sono necessarie nuove sensibilità e supporti. L'approccio è chiamato "marketing interno" ed è finalizzato alla continua ricerca della staff satisfaction. Esso considera le linee di marketing e le integra con i principio di sviluppo delle risorse umane. Un primo riferimento è costituito dalla "segmentazione" dei clienti interni che consente di individuare le differenti attese ed esigenze e di classificarle per caratteristiche omogenee. È impensabile, in effetti, pensare alle persone che operano all'interno dell'impresa come ad un soggetto unico, indistinto, standardizzato.

Un secondo riferimento è costituito dalla rilevazione dei bisogni, delle attese e dei desideri del personale e dal monitoraggio continuo del livello di soddisfazione espresso nel rapporto in corso con l'azienda.

Presenza intesa come vicinanza continua al personale, come partecipazione, coinvolgimento, come accessibilità e possibilità data al personale di modificare e migliorare i meccanismi dell'organizzazione, come rinforzo tempestivo dei comportamenti ed atteggiamenti attesi.

Promozione intesa come valorizzazione trasparente dell'azienda, come comunicazione completa, come riconoscimento agli sforzi prodotti ed ai risultati raggiunti, come dichiarazione, sviluppo e rafforzamento della "vision", della "mission[45]" e dei valori aziendali, come possibilità di attrarre le risorse migliori e come incentivazione dei comportamenti eccellenti.

Si tratta di contributi intellettuali, operativi, affettivi che consentono all'impresa di creare, erogare e vendere i suoi prodotti e servizi.

Ed un ultimo riferimento è dato dalla sensibilità di ascoltare sistematicamente il personale e dal feed-back sviluppato e diffuso per riparare continuamente gli interventi per la massima soddisfazione.

Ma l'Azienda non può limitarsi ad ascoltare il proprio mondo interno, cioè i propri dipendenti. Clima e staff satisfaction hanno così, sul versante del cliente esterno, il proprio speculare nella customer satisfaction.Questa è la denominazione di una strategia di ascolto dei clienti esterni e di conseguente ridisegno del sistema organizzativo, dei prodotti/servizi e di ogni altra espressione di vita aziendale.

Attraverso indagini qualitative o psicologiche realizzate con centri di ascolto normalmente denominati focus groups e indagini quantitative realizzate mediante interviste dirette o questionari, si rilevano bisogni e soddisfazioni, indicazioni e lagnanze. È un intervento che permette all'azienda di decodificare i segnali che arrivano dal proprio mercato.

È fin troppo facile capire che la customer satisfaction, rispondendo maggiormente a logiche di marketing, trova una applicazione più diffusa che non i due strumenti precedenti, dei quali, pur tuttavia,costituisce un aspetto complementare e non disgiungibile.

---

[45] "Mission, intesa come finalità generali dell'azienda; Vision, intesa come criteri generali di organizzazione.

Ma la customer satisfaction è nettamente influenzata da un'adeguata capacità di gestione del disservizio. È un specie di "ultima frontiera" sulla quale l'azienda combatte, pur su un terreno minato (quello del disservizio), la propria battaglia a favore del cliente. La gestione del disservizio entra così a condizionare fortemente l'ascolto; potrebbe trovare una propria collocazione tra le strategie aziendali tese a captare i segnali a 360 gradi del contesto circostante. Una specie di faro, capace di dare chiarezza ai due ambienti, interno ed esterno, con i quali l'azienda permanentemente dialoga.

Riepilogando il discorso, mentre la soddisfazione è una risposta emotiva od affettiva verso specifici aspetti del lavoro, il clima è una misura della percezione delle qualità delle relazioni all'interno di un contesto organizzativo. La soddisfazione assieme al clima è la variabile attualmente più utilizzata per il monitoraggio delle relazioni organizzative.

III Capitolo. **Le metodologie per le indagini sul clima**

3.1 Il modello di indagine: metodologia per la sua costruzione

La premessa per costruire un modello di indagine è la definizione del concetto di clima organizzativo, al fine di individuare con chiarezza le variabili che saranno oggetto della rilevazione. I numerosi sistemi di diagnosi del clima interno elaborati da centri di ricerca universitari e da società di consulenza, partono pertanto dall'interpretazione del concetto, che permette di delinearne i confini e di procedere alla conseguente definizione operativa ovvero alla sua scomposizione in fattori di analisi.

Oltre alla chiara definizione del concetto un'altra decisione importante nell'elaborazione di un modello di indagine del clima interno riguarda lo strumento diagnostico, che, tipicamente può essere:

- un questionario
- un'intervista in profondità

Solitamente si usa il questionario perchè risulta più funzionale ad una peculiarità dell'indagine del clima, in altri termini, la sua ripetizione nel tempo e garantisce maggiormente l'anonimato di coloro che lo compilano.

La principale differenza intercorrente tra i due strumenti, come meglio vedremo nei successivi paragrafi, concerne il tipo di dati ottenibili dal loro utilizzo, che sono di natura quantitativa con il questionario e di carattere qualitativo con l'intervista di profondità.

Predisporre un questionario richiede un lavoro metodologicamente rigoroso e complesso da parte di persone competenti. I questionari sul tema sono numerosi, a seconda degli orientamenti e dei fondamenti metodologici che le società di consulenza hanno ritenuto più giusti. Le differenze attengono non solo alla struttura dei questionari (per esempio: il numero di items, l'inserimento di alcune domande aperte o meno, la formulazione delle domande utilizzando il "tu" o "gli altri", ma al tipo di scale di valutazione adottate, al loro grado di attendibilità, di consistenza, di coerenza e di stabilità interna[46].

Invece la cosiddetta "intervista in profondità" è classificata come un'intervista di tipo destrutturato, dal momento che non segue uno schema fisso, ma è l'intervistatore che utilizzando una griglia di riferimento guida l'intervistato a parlare di determinati temi. Ha una durata lunga, di circa un'ora e l'intervistatore ha ampia discrezionalità nel decidere di approfondire o meno alcuni argomenti a seconda dell'importanza che attribuisce loro. Si tratta di un tipo di interviste che possono essere condotte solo da esperti, capaci di gestire le dinamiche psicologiche, tipiche di tali situazioni, e di evitare gli errori che potrebbero inficiare la qualità dei dati.

Ogni processo di diagnosi del clima interno può essere scomposto nelle seguenti principali fasi:

- *informativa interna:* si procede ad informare dell'iniziativa tutti i collaboratori della struttura in cui si procede all'analisi del clima spiegando cosa si intende per diagnosi del clima organizzativo, quali sono le finalità che si intendono perseguire con la rilevazione, chi svolgerà l'indagine, quali saranno le modalità operative con cui si procede alla realizzazione;

---

[46] E-miliaromagna innovazione naturale, L'analisi del clima organizzativo presso la Regione Emilia Romagna, Forum_PA, Roma, 2003

- *raccolta dei dati:* questa fase può seguire varie modalità operative, che differiranno principalmente a seconda dello strumento diagnostico utilizzato. Infatti se l'indagine è condotta con interviste di profondità, occorrerà preparare un calendario delle stesse, se invece di utilizzerà un questionario si procederà con una distribuzione collettiva o in piccoli gruppi. La somministrazione collettiva riguarderà la distribuzione del questionario accompagnato da una nota di spiegazione a tutti i collaboratori o ai componenti del campione predefinito, che avranno a disposizione un arco di tempo per compilarlo. È spesso necessario un test preventivo di somministrazione per tarare le percentuali di ritorno, come può essere utile una lettera di sollecito con una "riapertura" dei termini di riconsegna dal momento che in genere la somministrazione collettiva dei questionari non assicura alti ritorni. Le modalità di consegna sono sempre progettate al fine di garantire l'anonimato dei soggetti. Per quanto riguarda invece la somministrazione in piccoli gruppi si rende necessaria l'organizzazione di una serie di incontri di durata predefinita, in cui si stimola la compilazione del questionario ma si cerca di evitare ogni preventiva discussione di gruppo, rimandandola al termine della riconsegna per evitare che si possa essere influenzati dalla opinione altrui. Indipendentemente dalle modalità operative prescelte, la fase di raccolta dei dati richiede la risoluzione di alcune problematiche apparentemente banali, come per esempio:

- se le interviste o la compilazione dei questionari sono svolte durante l'orario di lavoro è importantissima la condivisione sulle finalità dell'iniziativa da parte di tutto il personale dirigente;
- il locale messo a disposizione per la rilevazione;

- *Interpretazione dei dati raccolti*: i dati quantitativi ottenuti dai questionari sono elaborati statisticamente, attraverso lo strumento dell'analisi fattoriale, permettendo una diagnosi del clima ed anche un confronto sincronico con altre strutture (all'interno della stessa azienda o tra diverse aziende) o diacronico, nell'ambito della stessa organizzazione in diversi momenti; i dati qualitativi raccolti invece on le interviste in profondità richiedono una interpretazione ed una sintesi, aprendo un problema di partecipazione del ricercatore con l'oggetto di analisi che indagheremo meglio nel successivo paragrafo;

- *Presentazione dei risultati:* È buona norma che i risultati della diagnosi organizzativa siano prontamente comunicati a tutti i collaboratori, con le modalità ritenute più opportune dai vertici direttivi: si potrà distribuire un fascicolo illustrativo comprensivo di tavole e diagrammi, si potranno organizzare riunioni di presentazione e discussione dei dati raccolti, etc,

- *Azioni di miglioramento:* nella stessa fase di presentazione dei dati occorrerà sottolineare come gli stessi significheranno per l'Azienda l'avvio di piani d'azione di miglioramento che potranno realizzarsi in corsi di formazione, processi di ridefinizione organizzativa, analisi di processi, revisione dei canali di comunicazione interna, interventi di miglioramento logistico;

- *Monitoraggio delle azioni di miglioramento*: A conclusione delle azioni di miglioramento si procede ad una nuova analisi del clima sia per monitorare l'efficacia degli interventi attuati e i potenziali cambiamenti avvenuti nel frattempo, sia per dare continuità e credibilità ad un processo di responsabilizzazione partecipativa in cui l'Azienda si è impegnata.

3.2. La metodologia etnografica

Un lavoro etnografico è qualsiasi studio sociale condotto da un ricercatore che si immerge nella vita quotidiana di coloro che vengono osservati e che obbliga il ricercatore ad chiedersi cosa significhi essere un membro dell'organizzazione piuttosto che guardare e tentare di interpretare dall'esterno il suo operato. Si tratta di una ricerca che parte dall'assunto che ogni organizzazione costituisca un *unicum* e che come tale deve essere studiata per un periodo piuttosto lungo nel profondo delle sue caratteristiche fondanti.

Per il ricercatore etnografo è di fondamentale importanza poter analizzare e descrivere ciò che succede in una data organizzazione a partire dall'osservazione delle manifestazioni della cultura, quindi osservare "sul campo" i comportamenti dei soggetti. Un tipo di ricerca che parta da questi presupposti avrà margini di generalizzazione pressochè nulli e costituirà un evento irripetibile. Il lavoro di ricerca sul campo comporta uno studio longitudinale, che guardi all'organizzazione come ad una entità con un passato, un presente ed un futuro. Tutti i documenti aziendali, sia formali che informali, sono considerati di fondamentale importanza in quanto parte delle espressioni visibili della cultura.

L'osservazione etnografica potrà essere essenzialmente di due tipi:

1. *osservazione partecipante*: il ricercatore in questo caso è riconosciuto in quanto tale dai membri dell'organizzazione e proprio per questo può rischiare di essere emarginato o manipolato nel suo studio;
2. *osservazione completa*: il ricercatore cela la sua attività di ricerca diventando membro a tutti gli effetti per un prediodo determinato del gruppo che intende studiare.

Le fonti dei dati possono essere articolate in tre categorie:

- *le tracce della vita organizzativa*, distinte in artefatti fisici e testi scritti;

- *gli eventi collettivi;*

- i *soggetti* stessi che possono essere distinti in *informatori* (quando seguiti nel loro agire naturale) e *rispondenti* (studiati in situazioni guidate dal ricercatore)

Per quanto riguarda gli strumenti di lavoro del ricercatore per la raccolta dei dati essi sono sostanzialmente tre:

- l'analisi del contenuto dei testi scritti
- l'osservazione partecipante
- l'intervista etnografica

Il lavoro etnografico ha come qualunque metodologia analitica, aspetti positivi e negativi. Senza dubbio una analisi svolta con queste premesse consente una conoscenza profonda e irripetibile dell'organizzazione, solo attraverso queste descrizioni dense sarà realmente possibile giungere al cuore di una cultura, ai suoi elementi fondanti.

Eppure i limiti di un'analisi etnografica sono palesi quanto i suoi meriti: innanzitutto uno studio etnografico non consente di effettuare confronti tra organizzazioni differenti, posta l'unicità e la irripetibilità dell'evento culturale in se; inoltre le ricerche etnografiche non sembrano prendere in considerazione la possibilità che la ricerca stessa diventi luogo di un cambiamento organizzativo, configurandosi come ricerca-intervento.

3.3 La ricerca di tipo quantitativo

Negli ultimi dieci anni, a partire dall'inizio degli anni novanta, alcuni autori[47] hanno cominciato a considerare valida la possibilità che la cultura organizzativa fosse studiata con metodologie quantitative, e non più solo ed esclusivamente con gli strumenti tipici della classica ricerca etnografica. Tale scelta che nasceva dall'esigenza di rendere confrontabili i risultati delle ricerche non intendeva rinnegare che una cultura fosse una *gestalt*, un tutto unico, percepibile nella sua atmosfera solo dai membri che ne facessero parte, ma in un mondo che la tecnologia riempiva di hardware e catene di montaggio intendeva sfruttare il vantaggio dell' utilizzare griglie interpretative capaci di descrivere e confrontare la struttura esistente in ogni *unicum.*

Scott, Mannion, Davies e Marshall (2003) hanno realizzato un importante lavoro di analisi e di catalogazione dei principali strumenti quantitativi disponibili per la misura della cultura organizzativa e la valutazione del cambiamento in ambito sanitario.

Per ogni strumento sono state esaminate le dimensioni della cultura estratte, il numero di item per ogni questionario, le scale di misura adottate, esempi di studi che si siano avvalsi di tali strumenti, le proprietà scientifiche, i loro punti di forza e debolezza.. La ricerca ha indicato 13 strumenti (Harrison Organizational Ideology Questionnaire, Hospital Culture Questionnaire…) che sono risultati essere molto differenti per teorie di base, format, scopi e proprietà scientifiche.

---

[47] Ouchi, Wilkins, 1985; Hofsrede, Neuijen, Ohayv, Sanders,1990; Danison, 1996; Chatman, 1998; Scott, Mannion, Davies, Marshall, 2003.

La scelta dello strumento per chi voglia studiare la cultura organizzativa dovrà partire dalla valutazione di come la cultura organizzativa viene concettualizzata dal team di ricerca, dagli scopi della ricerca, dagli usi che si intende fare dei risultati, e dalle risorse disponibili. Uno strumento che risulta valido in una determinata ricerca, infatti, potrebbe dimostrarsi fallace allorchè applicato in un altro ambito. Inoltre a seconda del settore professionale che si intende analizzare sarà possibile inserire domande prettamente attinenti a quell'ambito, in base alle proprie esigenze. Tuttavia Scott sottolinea l'importanza di un approccio multimetodologico, dal momento che strumenti qualitativi e quantitativi possono essere utilizzati in maniera complementare per aiutare ad una più adeguata comprensione di tutti gli strati di una cultura all'interno di una organizzazione, superando gli inevitabili limiti di un questionario chiuso e standardizzato.

Un tipo di ricerca multimetodologica è stata realizzata da Hofstede e colleghi nel 1990 sulla base di un progetto che prevedeva tre fasi di analisi:

- nella prima fase sono state condotte interviste in profondità con le quali si è conseguita una conoscenza qualitativa dell'organizzazione, ed in base alle quali hanno poi organizzato la seconda fase
- nella seconda fase sono strati somministrati questionari standardizzati precedentemente riadattati in base ai risultati delle interviste
- nella terza fase i questionari, seguiti da interviste personali, sono stati utilizzati per aggregare i dati ad un livello superiore, di gruppo, al fine di evidenziare i fattori di maggiore importanza attraverso un'analisi multivariata dei risultati.

È interessante l’affermazione conclusiva di Hofstede in merito ai risultati della sua ricerca: “crediamo che i nostri risultati contribuiscano alla demistificazione del costrutto di cultura organizzativa, trasformandolo da una moda passeggera in un elemento regolare della teoria e della pratica del managment delle organizzazioni”

Forse è proprio questo lo scopo di coloro che utilizzano metodologie quantitative, un tentativo di demistificazione, attraverso cui dare una nuova prospettiva alla ricerca sulla cultura, che renda possibile un modello di “ricerca intervento” già proprio dell’analisi sul clima organizzativo, capace di effettuare analisi rivolte al cambiamento.

3.4 Quality Improvement Implementation Survey (QIIS)

Ci sembra opportuno presentare in questo paragrafo il testo integrale del Quality Improvement Implementation Survey (QIIS), sviluppato nel 2000 da Shortell in quanto rappresenta uno dei migliori strumenti fino ad oggi realizzati per la rilevazione della cultura organizzativa, e non solo in ambito sanitario; il fatto che sia stato utilizzato in svariate ricerche, in ambiti diversi e da diversi autori gli attribuisce un alto grado di validità e affidabilità.

Alla base della costruzione di questo strumento c'è la convinzione che il clima organizzativo occupi una posizione importante quale indicatore imprescindibile della cultura di una organizzazione. Uno strumento costruito su queste premesse si adatta perfettamente sia alle conclusioni teoriche – secondo cui, data la natura "multistrato" della cultura è possibile considerare il clima come una sua espressione, un indicatore manifesto del sistema di valori e credenze della cultura – sia a quelle metodologiche per cui appare possibile realizzare un'analisi quantitativa sulla cultura attraverso le tecniche della ricerca intervento sul clima, se si presuppone la natura multilivello e stratificata del fenomeno culturale, i cui vari livelli di "profondità" saranno meglio compresi con l'utilizzo di differenti metodologie.

Tuttavia, appare necessario ribadirlo, i principi della ricerca intervento a cui il QIIS si ispira hanno senso e producono risultati se si presuppone la volontà di intervenire sull'assetto organizzativo in base ai risultati della ricerca, se si considera quindi la ricerca volta al cambiamento organizzativo. Posto ciò, le metodologie quantitative forniscono la possibilità di un confronto tra organizzazioni differenti, e quindi sono le uniche in grado di fornire i dati perchè tale cambiamento abbia luogo.

Il questionario è composto da 12 *aree tematiche* per un totale di 75 domande (*il carattere dell'ospedale, il management, la coesione, la scelta degli obiettivi, le remunerazioni, la leadership, le informazioni e le analisi, la pianificazione strategica della qualità, l'utilizzo delle risorse umane, la qualità del management, la qualità dei risultati, la soddisfazione del cliente)* di cui le prime 5 fanno riferimento a quattro tipi di cultura organizzativa (cultura di gruppo, cultura rivolta allo sviluppo, cultura gerarchica, cultura razionale). Si punta a rilevare a quale tipo di ospedale la struttura di riferimento somigli maggiormente, se a quello di tipo familiare, di tipo imprenditoriale (posto molto dinamico dove si lavora molto e ognuno si assume propri rischi), di tipo burocratico (posto formale e strutturato, governato da procedure rigide), orientato alla produzione (dove ciò che preoccupa è il raggiungimento degli obiettivi).

Nelle aree tematiche da 6 a 12 viene chiesto di valutare il contributo dell'ospedale all'aumento della qualità dei servizi offerti. Si analizza pertanto la *leadership* ed il suo contributo alla promozione della cultura del TQM; si prendono in esame le *informazioni ed analisi* per indagare la disponibilità, l'utilizzo e la ricerca da parte dell'ospedale di dati ed informazioni sulla qualità delle cure e dei servizi offerti nonchè il coinvolgimento dei dipendenti nel determinare quali dati debbano essere raccolti con l'obiettivo di migliorare la qualità delle cure e dei servizi forniti; si indaga il rapporto tra *gestione delle risorse umane* e la qualità dei servizi offerti, attraverso l'analisi della cultura aziendale votata al miglioramento, della cooperazione tra reparti, della *formazione continua e sistematica a tutti i livelli*; si esaminano, infine, *la qualità del management, la qualità dei risultati e la soddisfazione del cliente.* In particolare le indagini sul grado di soddisfazione degli utenti dei servizi pubblici servono ad ascoltare e comprendere a fondo i bisogni che il cittadino esprime, per sviluppare e migliorare il dialogo e la relazione tra chi eroga il servizio e chi lo riceve. L'adozione di un sistematico orientamento alla soddisfazione del cliente (sia esterno che interno) pare necessaria per rispondere in modo sempre più adeguato alle sue esigenze e, di conseguenza, garantire il successo dell'impresa sul mercato.

Quality Improvement Implementation Survey (QIIS)

QUESTIONARIO (QIIS)

1. Struttura

Ospedaliera

☐1 Pubblica

☐2 Classificata (Pubblica a gestione privata)

☐3 Privata

2. Divisione

☐1 Ginecologia

☐2 Chirurgia

☐3 Cardiologia

A. Caratteristiche anagrafiche dell'intervistato/a

3. Sesso ☐1 Maschio ☐2 Femmina

4. Età ____________________

5. Ruolo

☐1 dirigente semplice _

☐2 con incarico di alta professionalità

☐3 dirigente di struttura semplice

☐4 dirigente di struttura complessa

☐5 direttore di dipartimento

☐6 infermiere professionale

☐7 caposala

☐8 ostetrica

6. Da quanto tempo lavora in questo ospedale?

☐1 uno a cinque anni _

☐2 da cinque a dieci anni

☐3 più di dieci anni

Istruzioni per la compilazione del questionario sulla Cultura Ospedaliera (QIIS)

Le domande proposte di seguito tendono a rilevare a quale tipo di ospedale la vostra istituzione somiglia maggiormente. Ciascuno degli items contiene la descrizione di quattro differenti ospedali. Per favore, distribuite 100 punti tra le quattro descrizioni, a seconda di quanto ognuna di esse risulta essere simile al vostro ospedale. Nessuna delle descrizioni è migliore delle altre; sono semplicemente differenti fra di loro. Per ogni domanda utilizzate tutti i 100 punti. Esempio: nella domanda 1, se l'ospedale A sembra molto simile al mio, B sembra alquanto simile, e C e D non lo sono affatto, dovrò assegnare 70 punti ad A e 30 a B.

B. Caratteristiche dell'ospedale (distribuite 100 punti).

7. L'ospedale A è un luogo molto personale. Standoci dentro si ha la sensazione di trovarsi come in una grande famiglia. Le persone sembrano condividere molto. □□□

8. L'ospedale B è un posto molto dinamico ed imprenditoriale. Ci si aspetta che le persone lavorino sodo e si facciano carico di eventuali rischi. □□□

9. L'ospedale C è un posto molto formale e strutturato. Le procedure burocratiche generalmente governano ogni singola azione dei soggetti. □□□

10. L'ospedale D sembra essere molto orientato alla produzione. Ciò che preoccupa maggiormente è che il lavoro venga concluso. Le persone non sono molto coinvolte personalmente. □□□

C. Management dell'ospedale (distribuite 100 punti).

11. Nell'ospedale A la direzione generale nel suo complesso e sviluppare il potenziale dei dipendenti e tutti agiscono come mentori o loro personali guide. □□□

12 Nell'ospedale B la direzione generale nel suo complesso rischia molto e incoraggia i lavoratori a rischiare a loro volta e ad essere innovativi. □□□

13. Nell'ospedale C la direzione generale nel suo complesso è rigida riguardo i ruoli. Si aspetta che i dipendenti seguano le procedure e le regole stabilite. □□□

14. Nell'ospedale D la direzione generale nel suo complesso si comporta come una sorta di "allenatore". Aiuta i dipendenti a raggiungere gli obiettivi dell'ospedale. □□□

D. Coesione dell'ospedale (distribuite 100 punti).

15. Il collante che mantiene unito l'ospedale A è la fedeltà e la tradizione. Si mantiene sempre un alto livello d'impegno. □□□

16. Il collante che mantiene unito l'ospedale B è l'impegno per l'innovazione e lo sviluppo. Si pone particolare enfasi sull'essere i primi. □□□

17. Il collante che mantiene unito 1'ospedale C sono i ruoli formali e le politiche gestionali. È importante che le operazioni siano gestite con calma. □□□

18. Il collante che mantiene unito l'ospedale D è l'enfasi posta sul compito e sul raggiungimento degli obiettivi. Viene normalmente condiviso un atteggiamento rivolto alla produzione. □□□

E. Punti su cui l'ospedale pone enfasi (distribuite 100 punti).

19. L'ospedale A enfatizza le risorse umane. Nell'organizzazione sono importanti una forte coesione ed un morale alto. □□□

20. L'ospedale B enfatizza la crescita e l'acquisizione di nuove risorse. È importante la prontezza nello gestire nuovi compiti □□□

21. L'ospedale C enfatizza la permanenza e la stabilità. Sono importanti operazioni centrate e condotte con calma. □□□

22. L'ospedale D enfatizza azioni competitive e risultati. Sono importanti obiettivi misurabili. □□□

F. Ricompense dell'ospedale (distribuite 100 punti).

23. L'ospedale A distribuisce le sue ricompense in modo imparziale ed **equo.** È importante che chiunque, dal vertice alla base; sia trattato il più possibile equamente. □□□

24. L'ospedale B distribuisce le sue ricompense in base ad iniziative individuali. Sono maggiormente ricompensati coloro i quali hanno idee innovative ed agiscono di conseguenza. □□□

25. L'ospedale C distribuisce le sue ricompense in base al rango. Più in alto si è posizionati, più si ricevono ricompense. □□□

26. L'ospedale D distribuisce le sue ricompense in base al raggiungimento degli obiettivi. Gli individui che fanno parte della leadership e che contribuiscono a raggiungere gli obiettivi dell'ospedale sono maggiormente ricompensati. □□□

II Parte del QIIS'

Istruzioni.

In questa sezione vi viene chiesto di valutare il contributo dell'ospedale all'aumento della qualità dei servizi offerti. Per favore, leggete attentamente ogni domanda. Indicate quanto siete d'accordo o in disaccordo con le affermazioni che caratterizzano il vostro ospedale, cerchiando le rispose che ritenete siano più appropriate (1 = sono fortemente in disaccordo, 5 = sono fortemente d'accordo). Nel rispondere alle domande dovrete concentrarvi su come l'ospedale è attualmente, non su come pensate dovrebbe essere in futuro o su come sperate che sia.

Categorie di risposte.

Nel cerchiare le risposte, -per favore,- tenete bene a mente le seguenti linee guida riguardo le possibilità di risposta. Dovrete cerchiare **Fortemente d'accordo** quando, per esempio, l'affermazione rappresenta una descrizione_, completa ed accurata del vostro ospedale. Dovrete cerchiare **Fortemente in disaccordo** quando la descrizione è completamente differente dal vostro ospedale. La risposta **né d'accordo né in disaccordo** dovrebbe essere cerchiata quando, in base alla vostra esperienza, credete che la descrizione non sia ne particolarmente accurata; ne tanto meno distante dal vostro ospedale. Questa situazione si potrebbe presentare data la varietà di attività descritte nelle affermazioni. Ad esempio, potreste cerchiare **né d'accordo né in disaccordo** quando l'affermazione è vera per alcuni dipartimenti dell'ospedale ma non per altri. Se non avete abbastanza informazioni per rispondere alla domanda, per favore cerchiate **non saprei**

Glossario/Istruzioni speciali.

Ospedale: nel rispondere alle domande che vi richiedono di fornire un giudizio generale riguardo l'ospedale, rispondete in base alla vostra esperienza e conoscenza del reparto o dell'area in cui siete attualmente impegnati, degli altri reparti o aree con cui entrate in contatto nel corso dello svolgimento del 'vostro lavoro, e delle informazioni che avete sull'ospedale nel suo complesso.

Qualità delle cure e dei servizi: attraverso l'intervista vi viene richiesto di giudicare la "qualità delle cure e dei servizi" offerti. Queste domande, "qualità delle cure e dei servizi" si riferiscono a come l'ospedale riesce ad adattare le varie attività e funzioni che riguardano la cura dei pazienti.

Il termine "qualità delle cure e dei sentizi" non si limita alla qualità tecniche delle cure offerte ai pazienti; "qualità delle cure e dei servizi" -_~, tina categoria più generale che include non solo la qualità tecnica del servizio, ma arlche la capacità dell'ospedale di assecondare i bisogni dei pazienti.

Direttori esecutivi anziani: in generale, I direttori esecutivi anziani devono farsi -carico delle responsabilità derivanti dalle operazioni svolte in ospedale e dall'amministrazione dello stesso. Il direttore generale, il vice direttore, i1 responsabile o vice responsabile per gli infermieri, il direttore medico sono alcuni dei titoli dei soggetti che occupano posizioni definite come "esecutivi anziani". In alcuni ospedali questi dipendenti hanno il titolo di amministratore associato.

Manager intermedi: i manager intermedi includono i capi reparto e i supervisori di primo livello che non fanno parte dello staff dei direttori esecutivi anziani.

G. Leadership

27. La direzione generale indirizza adeguate risorse organizzative (tra cui risorse finanziarie, persone, tempo ed equipaggiamenti) per il miglioramento della qualità.

□1 = sono fortemente in disaccordo

□2 = sono in disaccordo

□3 = né d'accordo né in disaccordo

□4 = sono d'accordo

□5= sono fortemente d'accordo

□9 = non saprei

28. La direzione generale partecipa costantemente alle attività rivolte al miglioramento della qualità delle cure e dei servizi.

□1 = sono fortemente in disaccordo

□2 = sono in disaccordo

□3 = né d'accordo né in disaccordo

□4 = sono d'accordo

□5 = sono fortemente d'accordo

□9 = non saprei

29. La direzione generale ha una visione chiara ed articolata per migliorare la qualità delle cure e dei servizi.

□1 = sono fortemente in disaccordo

□2 = sono in disaccordo

□3 = né d'accordo né in disaccordo

□4 = sono d'accordo

□5 = sono fortemente d'accordo

□9 = non saprei

30. La direzione generale ha dimostrato abilità nello gestire i cambiamenti (organizzativi e tecnologici) necessari per migliorare la qualità delle cure e dei servizi.

☐1 = sono fortemente in disaccordo

☐2 = sono in disaccordo

☐3 = né d'accordo né in disaccordo

☐4 = sono d'accordo

☐5 = sono fortemente d'accordo

☐9 = non saprei

31. La direzione generale agisce con la convinzione di migliorare la qualità delle cure e dei servizi.

☐1 = sono fortemente in disaccordo
☐2 = sono in disaccordo
☐3 = né d'accordo né in disaccordo
☐4 = sono d'accordo
☐5 = sono fortemente d'accordo
☐9 = non saprei

32. La dirigenza medica è effettivamente coinvolta negli sforzi tesi a migliorare la qualità delle cure e dei servizi.

☐1 = sono fortemente in disaccordo

☐2 = sono in disaccordo

☐3 = né d'accordo né in disaccordo

☐4 = sono d'accordo

☐5 = sono fortemente d'accordo

☐9 = non saprei

33. La direzione generale genera fiducia, nel personale, sul successo degli sforzi per migliorare la qualità.

☐1 = sono fortemente in disaccordo

☐2 = sono in disaccordo

☐3 = né d'accordo né in disaccordo

☐4 = sono d'accordo

☐5 = sono fortemente d'accordo

☐9 = non saprei

34. La direzione generale si adopera per raccogliere tutte le informazioni riguardo i bisogni e i suggerimenti per il miglioramento della qualità direttamente dagli utenti (pazienti, famiglie e beneficiari).

□1 = sono fortemente in disaccordo

□2 = sono in disaccordo

□3 = né d'accordo né in disaccordo

□4 = sono d'accordo

□5 = sono fortemente d'accordo

□9 = non saprei

H. Informazioni ed analisi

35. L'ospedale dispone di un' ampia gamma di dati e informazioni sulla qualità delle cure e dei servizi.

□1 = sono fortemente in disaccordo

□2 = sono in disaccordo

□3 = né d'accordo né in disaccordo

□4 = sono d'accordo

□5 = sono fortemente d'accordo

□9 = non saprei

36. L'ospedale utilizza un'ampia gamma di dati e di informazioni riguardo la qualità delle cure e del servizio per migliorarsi.

□1 = sono fortemente in disaccordo

□2 = sono in disaccordo

□3 = né d'accordo né in disaccordo

□4 = sono d'accordo

□5 = sono fortemente d'accordo

□9 = non saprei

37. L'ospedale cerca continuamente di migliorare il modo in cui utilizza dati ed informazioni riguardo la qualità delle cure e dei servizi.

□1 = sono fortemente in disaccordo

□2 = sono in disaccordo

□3 = né d'accordo né in disaccordo

□4 = sono d'accordo

□5 = sono fortemente d'accordo

□9 = non saprei

38. L'ospedale cerca continuamente di migliorare l'accuratezza e la rilevanza dei suoi dati sulla qualità delle cure e dei servizi forniti.

□1 = sono fortemente in disaccordo

□2 = sono in disaccordo

□3 = né d'accordo né in disaccordo

□4 = sono d'accordo

□5 = sono fortemente d'accordo

□9 = non saprei

39. L'ospedale cerca continuamente di migliorare la tempestività dei suoi dati sulla qualità delle cure e dei servizi forniti:

□1 = sono fortemente in disaccordo

□2 = sono in disaccordo

□3 = né d'accordo né in disaccordo

□4 = sono d'accordo

□5 = sono fortemente d'accordo

□9 = non saprei

40. I dipendenti dell'ospedale sono attivaittente coinvolti nel determinare quali dati debbono essere raccolti: con l'obiettivo, di migliorare la qualità delle cure e dei servizi forniti.

□1 = sono fortemente in disaccordo

□2 = sono in disaccordo

□3 = né d'accordo né in disaccordo

□4 = sono d'accordo

□5 = sono fortemente d'accordo

□9 = non saprei

41. L'ospedale confronta i suoi dati sulla qualità dei servizi con i dati forniti da altri ospedali.

□1 = sono fortemente in disaccordo

□2 = sono in disaccordo

□3 = né d'accordo né in disaccordo

□4 = sono d'accordo

□5 = sono fortemente d'accordo

□9 = non saprei

I. Pianificazione strategica della qualità

42. I dipendenti dell'ospedale hanno sufficiente tempo per pianificare e testare i miglioramenti.

□1 = sono fortemente in disaccordo

□2 = sono in disaccordo

□3 = né d'accordo né in disaccordo

□4 = sono d'accordo

□5 = sono fortemente d'accordo

□9 = non saprei

43. Ogni dipartimento e gruppo di lavoro all'interno dell'ospedale persegue specifici obiettivi per migliorare la qualità.

□1 = sono fortemente in disaccordo

□2 = sono in disaccordo

□3 = né d'accordo né in disaccordo

□4 = sono d'accordo

□5 = sono fortemente d'accordo

□9 = non saprei

44. Gli obiettivi di miglioramento della qualità dell'ospedale sono noti in tutta l'organizzazione.

□1 = sono fortemente in disaccordo

□2 = sono in disaccordo

□3 = né d'accordo né in disaccordo

□4 = sono d'accordo

□5 = sono fortemente d'accordo

□9 = non saprei

45. I dipendenti dell'ospedale sono coinvolti nello sviluppo di piani per il miglioramento della qualità.

□1 = sono fortemente in disaccordo

□2 = sono in disaccordo

□3 = né d'accordo né in disaccordo

□4 = sono d'accordo

□5 = sono fortemente d'accordo

□9 = non saprei

46. I dirigenti intermedi (capi reparto, direttori di programma, supervisori di vario tipo) giocano un ruolo fondamentale nelle le priorità per il miglioramento delle qualità.

□1 = sono fortemente in disaccordo

□2 = sono in disaccordo

□3 = né d'accordo né in disaccordo

□4 = sono d'accordo

□5 = sono fortemente d'accordo

□9 = non saprei

47. Gli utenti hanno un ruolo fondamentale relativamente alla definizione delle priorità per il miglioramento della qualità.

□1 = sono fortemente in disaccordo

□2 = sono in disaccordo

□3 = né d'accordo né in disaccordo

□4 = sono d'accordo

□5 = sono fortemente d'accordo

□9 = non saprei

48. I dipendenti non appartenenti al management hanno un ruolo fondamentale relativamente alla definizione delle priorità per il miglioramento della qualità.

□1 = sono fortemente in disaccordo

□2 = sono in disaccordo

□3 = né d'accordo né in disaccordo

□4 = sono d'accordo

□5 = sono fortemente d'accordo

□9 = non saprei

L. Utilizzo delle risorse umane

49. I dipendenti dell'ospedale sono adeguatamente *aggiornati sulle opportunità di miglioramento della qualità.

□1 = sono fortemente in disaccordo

□2 = sono in disaccordo

□3 = né d'accordo né in disaccordo

□4 = sono d'accordo

□5 = sono fortemente d'accordo

□9 = non saprei

50. I dipendenti dell'ospedale sono 'adeguatamente informati e aggiornati sulle statistiche e su altri metodi quantitativi per il miglioramento della qualità.

□1 = sono fortemente in disaccordo

□2 = sono in disaccordo

□3 = né d'accordo né in disaccordo

□4 = sono d'accordo

□5 = sono fortemente d'accordo

□9 = non saprei

51. I dipendenti dell'ospedale svolgono attività di formazione e tirocinio necessari al miglioramento delle loro conoscenze e performance lavorative.

□1 = sono fortemente in disaccordo

□2 = sono in disaccordo

□3 = né d'accordo né in disaccordo

□4 = sono d'accordo

□5 = sono fortemente d'accordo

□9 = non saprei

52. I dipendenti dell'ospedale sono premiati (finanziariamente o in altro modo) per il miglioramento della qualità._

□1 = sono fortemente in disaccordo

□2 = sono in disaccordo

□3 = né d'accordo né in disaccordo

□4 = sono d'accordo

□5 = sono fortemente d'accordo

□9 = non saprei

53. La cooperazione tra i reparti per il miglioramento della qualità del servizio offerto è supportata e incoraggiata.

□1 = sono fortemente in disaccordo

□2 = sono in disaccordo

□3 = né d'accordo né in disaccordo

□4 = sono d'accordo

□5 = sono fortemente d'accordo

□9 = non saprei

54. I dipendenti dell'ospedale hanno l'autorità per affrontare ed intervenire sulle problematiche presenti nella loro area quando non sono mantenuti gli standard di qualità richiesti.

□1 = sono fortemente in disaccordo

□2 = sono in disaccordo

□3 = né d'accordo né in disaccordo

□4 = sono d'accordo

□5 = sono fortemente d'accordo

□9 = non saprei

55. I dipendenti dell'ospedale sono appoggiati quando si fanno carico dei rischi necessari al miglioramento della qualità.

□1 = sono fortemente in disaccordo

□2 = sono in disaccordo

□3 = né d'accordo né in disaccordo

□4 = sono d'accordo

□5 = sono fortemente d'accordo

□9 = non saprei

56. L'ospedale possiede un efficace sistema che consente ai dipendenti di fare suggerimenti al management su come migliorare la qualità.

□1 = sono fortemente in disaccordo

□2 = sono in disaccordo

□3 = né d'accordo né in disaccordo

□4 = sono d'accordo

□5 = sono fortemente d'accordo

□9 = non saprei

M. Qualità del Management

57. L'ospedale controlla rigorosamente l'equipaggiamento e le forniture per essere certi di soddisfare quanto richiesto per il mantenimento della qualità.

□1 = sono fortemente in disaccordo

□2 = sono in disaccordo

□3 = né d'accordo né in disaccordo

□4 = sono d'accordo

□5 = sono fortemente d'accordo

□9 = non saprei

58. Lo staff che si occupa di assicurare la qualità coordina effettivamente i propri sforzi con gli altri per migliorare la qualità delle cure e dei servizi offerti dall'ospedale.

□1 = sono fortemente in disaccordo

□2 = sono in disaccordo

□3 = né d'accordo né in disaccordo

□4 = sono d'accordo

□5 = sono fortemente d'accordo

□9 = non saprei

59. L'ospedale lavora a stretto contatto con i fornitori per migliorare la qualità dei loro prodotti e servizi.

□1 = sono fortemente in disaccordo

□2 = sono in disaccordo

□3 = né d'accordo né in disaccordo

□4 = sono d'accordo

□5 = sono fortemente d'accordo

□9 = non saprei

60. I servizi forniti dall'ospedale sono testati a fondo sulla qualità prima ancora che vengano impiantati.

□1 = sono fortemente in disaccordo

□2 = sono in disaccordo

□3 = né d'accordo né in disaccordo

□4 = sono d'accordo

□5 = sono fortemente d'accordo

□9 = non saprei

61. L'ospedale incoraggia i dipendenti a registrare le misurazioni della qualità.

□1 = sono fortemente in disaccordo

□2 = sono in disaccordo

□3 = né d'accordo né in disaccordo

□4 = sono d'accordo

□5 = sono fortemente d'accordo

□9 = non saprei

N. Qualità dei Risultati

62. L'ospedale ha fatto un buon lavoro documentando cambiamenti, nei servizi offerti, che hanno prodotto i risultati attesi.

□1 = sono fortemente in disaccordo

□2 = sono in disaccordo

□3 = né d'accordo né in disaccordo

□4 = sono d'accordo

□5 = sono fortemente d'accordo

□9 = non saprei

63. Nel corso degli ultimi anni, l'ospedale ha mostrato costanti effettivi miglioramenti nella qualità delle cure fornite ai pazienti.

□1 = sono fortemente in disaccordo

□2 = sono in disaccordo

□3 = né d'accordo né in disaccordo

□4 = sono d'accordo

□5 = sono fortemente d'accordo

□9 = non saprei

64. Nel corso degli ultimi anni, l'ospedale ha mostrato costanti ed effettivi miglioramenti nella qualità dei servizi forniti dai dipartimenti clinici di supporto come i laboratori, le farmacie e radiologia.

□1 = sono fortemente in disaccordo

□2 = sono in disaccordo

□3 = né d'accordo né in disaccordo

□4 = sono d'accordo

□5 = sono fortemente d'accordo

□9 = non saprei

65. Nel corso degli ultimi anni, l'ospedale ha mostrato costanti ed effettivi miglioramenti nella qualità dei servizi forniti dalle aree di supporto come l'accettazione, l'ufficio informazioni, le risorse umane e il marketing.

□1 = sono fortemente in disaccordo

□2 = sono in disaccordo

□3 = né d'accordo né in disaccordo

□4 = sono d'accordo

□5 = sono fortemente d'accordo

□9 = non saprei

66. Nel corso degli ultimi anni, l'ospedale ha mostrato costanti ed effettivi miglioramenti nei risultati di soddisfazione dei pazienti.

□1 = sono fortemente in disaccordo

□2 = sono in disaccordo

□3 = né d'accordo né in disaccordo

□4 = sono d'accordo

□5 = sono fortemente d'accordo

□9 = non saprei

67. Nel corso degli ultimi anni, l'ospedalè hà mostrato costanti ed effettivi miglioramenti nella riduzionè dei costi senza intaccare il miglioramento della qualità.

□1 = sono fortemente in disaccordo

□2 = sono in disaccordo

□3 = né d'accordo né in disaccordo

□4 = sono d'accordo

□5 = sono fortemente d'accordo

□9 = non saprei

O. Soddisfazione del cliente

68. L'ospedale fa un buon lavoro nel valutare gli attuali bisogni e le aspettative dei pazienti.

□1 = sono fortemente in disaccordo

□2 = sono in disaccordo

□3 = né d'accordo né in disaccordo

□4 = sono d'accordo

□5 = sono fortemente d'accordo

□9 = non saprei

69. L'ospedale fa un buon lavoro nel valutare i futuri bisogni e le aspettative dei pazienti.

□1 = sono fortemente in disaccordo

□2 = sono in disaccordo

□3 = né d'accordo né in disaccordo

□4 = sono d'accordo

□5 = sono fortemente d'accordo

□9 = non saprei

70. I dipendenti dell'ospedale risolvono prontamente le lamentele dei pazienti:

□1 = sono fortemente in disaccordo

□2 = sono in disaccordo

□3 = né d'accordo né in disaccordo

□4 = sono d'accordo

□5 = sono fortemente d'accordo

□9 = non saprei

71. L'ospedale utilizza i dati forniti dai pazienti per migliorare i servizi.

□1 = sono fortemente in disaccordo

□2 = sono in disaccordo

□3 = né d'accordo né in disaccordo

□4 = sono d'accordo

□5 = sono fortemente d'accordo

□9 = non saprei

72. I dati sulla soddisfazione dei pazienti vengono comunicati allo staff dell'ospedale.

□1 = sono fortemente in disaccordo

□2 = sono in disaccordo

□3 = né d'accordo né in disaccordo

□4 = sono d'accordo

□5 = sono fortemente d'accordo

□9 = non saprei

73. L'ospedale valuta la soddisfazione dei medici sui servizi dell'ospedale.

□1 = sono fortemente in disaccordo

□2 = sono in disaccordo

□3 = né d'accordo né in disaccordo

□4 = sono d'accordo

□5 = sono fortemente d'accordo

□9 = non saprei

74. L'ospedale utilizza i dati sulle aspettative dei clienti e/o sulla soddisfazione quando si trova a organizzare nuovi servizi.

□1 = sono fortemente in disaccordo

□2 = sono in disaccordo

□3 = né d'accordo né in disaccordo

□4 = sono d'accordo

□5 = sono fortemente d'accordo

□9 = non saprei

75. L'ospedale valuta la soddisfazione dei dipendenti sui servizi offerti dagli altri dipendenti e dipartimenti.

□1 = sono fortemente in disaccordo

□2 = sono in disaccordo

□3 = né d'accordo né in disaccordo

□4 = sono d'accordo

□5 = sono fortemente d'accordo

□9 = non saprei

3.5. Questionario utilizzato nella ricerca Asl di Bergamo

Di seguito riportiamo il questionario utilizzato nella ricerca condotta presso l'Azienda di Bergamo di cui diremo più diffusamente nel successivo capitolo laddove daremo descrizione delle più rilevanti indagini sul clima aziendale realizzate in Aziende Sanitarie e Ospedaliere.

Gentile collaboratrice/Egregio collaboratore,
la Direzione intende effettuare un'analisi del clima interno al fine di conoscere meglio il punto di vista di tutti gli operatori sull'ambiente di lavoro e sull'organizzazione aziendale: il suo parere, insieme a quello dei suoi colleghi, è molto importante per poter individuare eventuali aree critiche e specifici ambiti di miglioramento. Pertanto le sarei grato se volesse compilare il questionario sottostante, che è rigorosamente anonimo, prestando attenzione ad ogni singolo quesito. Ringraziando per il tempo e l'impegno che vorrà dedicare, porgo un cordiale saluto.

Il Direttore Generale

OSPEDALE DI RIFERIMENTO

☐ Seriate Trescore Sarnico ☐ Alzano Nembro ☐ Gazzaniga ☐ Clusone Piario ☐ Lovere ☐ Sede via Marconi

U.O./SERVIZIO/UFFICIO CERTIFICATO

☐ Si ☐ No ☐ Non so

CATEGORIA PROFESSIONALE D'APPARTENENZA

☐ Dirigente medico/sanitario non medico ☐ Tecnico sanitario/riabilitaz ☐ Dirigente tecnico/amministrativo
☐ Pers. supporto sanitar. (ASS/OTA/OSS) ☐ Infermiere/ostetrica ☐ Operatore tecnico/amministrativo

---

SECONDO LEI NEGLI ULTIMI ANNI SI SONO VERIFICATI CAMBIAMENTI NEL SUO AMBIENTE PROFESSIONALE RISPETTO A:

1.1 Stile di Lavoro	(1)	(2)	(3)	(4)
1.2 Soddisfazione personale	(1)	(2)	(3)	(4)
1.3 Rapporti gerarchici	(1)	(2)	(3)	(4)
1.4 Rapporti interpersonali	(1)	(2)	(3)	(4)

QUESTI CAMBIAMENTI HANNO PRODOTTO O STANNO PRODUCENDO IN LEI:

2.1 Soddisfazione	(1)	(2)	(3)	(4)
2.2 Incertezza	(1)	(2)	(3)	(4)
2.3 Motivazione	(1)	(2)	(3)	(4)

QUANTO PERCEPISCE VICINO:

3.1 L'Alta Direzione	(1)	(2)	(3)	(4)
3.2 La Direzione del suo Ospedale/Area	(1)	(2)	(3)	(4)
3.3 Il Responsabile della sua U.O./Servizio/Ufficio	(1)	(2)	(3)	(4)

SECONDO LEI A SEGUITO DELLA CERTIFICAZIONE DI QUALITÀ SI SONO VERIFICATI CAMBIAMENTI POSITIVI:

4.1 Nella sua Unità Operativa	(1)	(2)	(3)	(4)
4.2 In altre Unità Operative	(1)	(2)	(3)	(4)
4.3 Fra le diverse U.O./Servizi/Uffici	(1)	(2)	(3)	(4)

SECONDO LEI IN SEGUITO ALL'AZIENDALIZZAZIONE SI SONO CREATE CONDIZIONI PER CUI LA MAGGIOR PARTE DEL PERSONALE DELLA SUA U.O/SERVIZIO/UFFICIO:

5.1 Ha aumentato il ritmo di lavoro	(1)	(2)	(3)	(4)
5.2 Ha cambiato le modalità di lavoro	(1)	(2)	(3)	(4)

CONSIGLIEREBBE AD UN UTENTE O A UN SUO CONOSCENTE :

6.1 I Servizi del suo Ospedale	(1)	(2)	(3)	(4)
6.2 I Servizi degli altri Ospedali dell'Azienda	(1)	(2)	(3)	(4)

SECONDO LEI IL SUO COINVOLGIMENTO NELLA VITA AZIENDALE AVVIENE ATTRAVERSO:

7.1 Partecipazione ad attività di aggiornamento/formazione	(1)	(2)	(3)	(4)
7.2 Partecipazione ad attività trasversali (gruppi di lavoro)	(1)	(2)	(3)	(4)
7.3 Incontri promossi dall'Alta Direzione presso i diversi Ospedali Aziendali	(1)	(2)	(3)	(4)
7.4 Incontri a livello di Ospedale, Area, Servizio	(1)	(2)	(3)	(4)
7.5 Partecipazione a momenti ricreativi o di festa a livello di U.O. e di azienda	(1)	(2)	(3)	(4)

NELLA SUA UNITÀ OPERATIVA LEI RITIENE:

8.1 Di essere informato e coinvolto negli obiettivi dell'U.O.	(1)	(2)	(3)	(4)
8.2 Di essere soddisfatto e realizzato professionalmente	(1)	(2)	(3)	(4)
8.3 Di conoscere i processi all'interno dell'U.O.	(1)	(2)	(3)	(4)

QUANTO RITIENE SODDISFACENTE IL SISTEMA DI TRASFERIMENTO DELLE INFORMAZIONI/COMUNICAZIONI INTERNE:

9.1 Nell'Azienda in generale	(1)	(2)	(3)	(4)
9.2 Tra l'Azienda e l'Unità Operativa di appartenenza	(1)	(2)	(3)	(4)
9.3 Tra la sua Unità Operativa e le altre Unità Operative	(1)	(2)	(3)	(4)
9.4 All'interno della propria Unità Operativa	(1)	(2)	(3)	(4)

QUANTO RITIENE SODDISFATTI NELLA SUA ATTUALE VITA LAVORATIVA I SEGUENTI VALORI:

10.1 buona retribuzione	(1)	(2)	(3)	(4)
10.2 sicurezza del posto di lavoro	(1)	(2)	(3)	(4)
10.3 apprezzamento per il lavoro svolto	(1)	(2)	(3)	(4)
10.4 qualità dei rapporti interpersonali	(1)	(2)	(3)	(4)
10.5 aspettative di carriera	(1)	(2)	(3)	(4)
10.6 senso di appartenenza all'Azienda				
10.7 tipo di mansioni o compiti richiesti	(1)	(2)	(3)	(4)

NELLA SUA U.O. LEI RITIENE CHE LA MAGGIOR PARTE DEGLI OPERATORI:

11.1 Abbia chiaro attività e responsabilità	(1)	(2)	(3)	(4)
11.2 Persegua con il proprio lavoro anche la soddisfazione dei clienti interni (colleghi di altre U.O./Uffici/Servizi)	(1)	(2)	(3)	(4)

INDICHI SU UNA SCALA DA 0 (PEGGIORATO) A 10 (MIGLIORATO) COME PENSA SIA CAMBIATA O CAMBIERÀ LA SUA VITA LAVORATIVO/PROFESSIONALE, FACENDO UN SEGNO SUL GRADINO CHE CORRISPONDE ALLA SUA OPINIONE:

12.1 la qualità della sua vita lavorativa/professionale rispetto a prima del processo di aziendalizzazione

12.2 la qualità della sua vita lavorativa/professionale rispetto a un anno fa

12.3 come pensa che sarà la sua vita lavorativa/professionale fra un anno rispetto ad ora

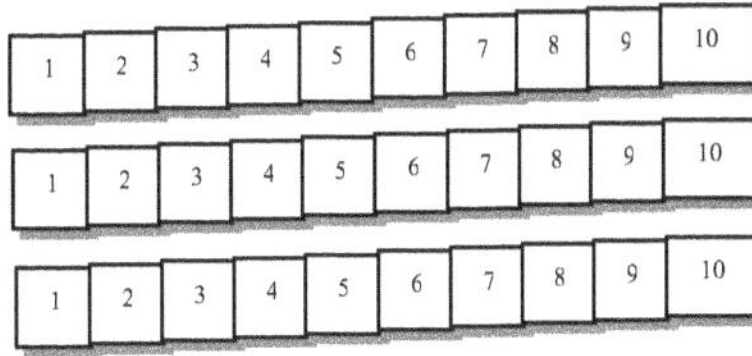

3.6. Clima e cultura

Prima di passare nel seguente e conclusivo capitolo del lavoro all'esame di alcune rilevanti indagini sul clima organizzativo all'interno di Aziende Sanitarie ed Ospedaliere sul territorio nazionale ci preme riassumere l'importanza dello studio della cultura organizzativa, che, abbiamo visto nello sviluppo del nostro lavoro, nasce da una profonda insoddisfazione nei confronti delle teorie dominanti sull'organizzazione e sul management. Di fronte all'incapacità espressa dai paradigmi funzionalismi nello spiegare l'agire organizzativo, il concetto di cultura ha dimostrato di essere una potente metafora alternativa, permettendo di considerare l'organizzazione come un'unica " cellula sociale".

È questa nuova attenzione per la dimensione collettiva dell'organizzazione, che non viene più vista come una gabbia in cui agiscono tante e diverse individualità, gestite secondo procedure stabilite, che consente di modificare il livello di analisi, passando dall'individuo al gruppo, all'organizzazione.

Glick nel 1985 fu il primo a riconoscere quanto fosse importante individuare nell'organizzazione la corretta unità analitica per la rilevazione del clima organizzativo stabilendo il confine tra percezione individuale e percezione collettiva.

Le ricerche sulla cultura organizzativa ci hanno permesso di comprendere come la cultura venga costantemente utilizzata per organizzare la percezione del reale all'interno di una organizzazione; il clima organizzativo è una percezione multidimensionale del carattere e degli attributi essenziali di un sistema organizzativo e in quanto tale risente necessariamente delle caratteristiche culturali dell'organizzazione.

Se la cultura organizzativa, d'accordo con Schein, è *l'insieme coerenti di assunti fondamentali che un dato gruppo ha inventato, scoperto o sviluppato imparando ad affrontare i suoi problemi di adattamento esterno e di integrazione interna*, il clima organizzativo, invece, in quanto insieme delle percezioni comuni ai membri del gruppo riguardo il sistema di valori, credenze e aspettative dell'organizzazione, rappresenta l'espressione tangibile di questi aspetti della cultura. Secondo quanto affermato da Moran e Volkwein il clima organizzativo è una caratteristica relativamente durevole di una organizzazione che la distingue da altre organizzazioni: e (a) incarna le percezioni collettive dei membri sulla loro organizzazione con rispetto a dimensioni come autonomia, fiducia, coesione, supporto, riconoscimento, innovazione ed equità; (b) è prodotto dalla interazione dei membri; (c) serve come base per interpretare la situazione; (d) riflette le norme, i valori e gli atteggiamenti della cultura organizzativa; e (e) agisce come una fonte per forgiare il comportamento.

La cultura in ultima analisi risulta essere un fenomeno multilivello e come tale deve essere studiata nelle sue espressioni tangibili, negli artefatti, nei valori, nelle credenze fino ad arrivare agli assunti fondamentali che spesso sono inconsciamente insiti nell'agire dei membri dell'organizzazione. Il clima in questo panorama si pone quale espressione dei valori dominante, percezione condivisa e cosciente dei membri dell'organizzazione riguardo non solo ai valori e alle credenze, ma anche alle aspettative di comportamento e ai ruoli. Dovrà essere possibile, se non auspicabile, perciò rilevare la cultura organizzativa con questionari costruiti con i principi della ricerca intervento, che valutino contemporaneamente clima e cultura, considerando il clima come un indicatore manifesto del sistema di valori e credenze della cultura. Ricerca intervento significa che i risultati della ricerca dovranno diventare il punto di partenza per interventi sull'assetto organizzativo al fine di un cambiamento che tenga conto anche di un confronto tra organizzazioni differenti, possibilità che le metodologie quantitative sono le uniche a poter offrire perché tale cambio possa aver luogo.

IV Capitolo. **Studi e ricerche sul clima organizzativo in Aziende Sanitarie ed Ospedaliere**

4.1. Il progetto Iconas in Emilia Romagna[48]

Nel febbraio del 1999 i rappresentanti delle Aziende Sanitarie ed Ospedaliere della Regione Emilia Romagna hanno costituito un gruppo di lavoro interaziendale con il mandato di elaborare uno strumento per la valutazione del clima organizzativo nelle Aziende della Regione. Il gruppo aveva definito il " Clima Organizzativo" come indicatore della qualità delle relazioni interne. Mentre la cultura aziendale è un fattore relativamente stabile che si modifica con tempi abbastanza lunghi, il clima organizzativo appartiene alla fascia *soft* dell'organizzazione ed è l'espressione della percezione complessa dell'organizzazione da parte di chi vi lavora, è l'espressione degli umori delle persone, delle loro motivazioni, del modo e dell'entusiasmo con cui si relazionano ai vari livelli della stessa organizzazione.

È stato costruito un questionario strutturato con risposte precodificate (tranne alcune eccezioni) come strumento agile e facilmente somministrabile a un numero elevato di operatori. Questa scelta consente un'elaborazione ed analisi dei dati per l'interpretazione del fenomeno "clima" in termini quantitativi e permette, inoltre, un confronto tra diverse realtà aziendali. Le domande sono state formulate con termini chiari e semplici evitando la doppia negazione e preferendo formulazioni che facilitino l'intervistato nella corretta

---

[48] M.Caroli, U. Montaguti, U. Wienand, A. Zappi, Il clima organizzativo in Sanità, Tendenze Nuove – 6/2003 – nuova serie

espressione delle proprie opinioni. Si è scelto pertando di strutturare il questionario ICONAS (Indagine Clima Organizzativo Nelle Aziende Sanitarie) in 55 domande tese ad esplorare le aree ritenute maggiormente critiche (motivazione, comunicazione interna, sistemi premianti, stili di leadership, rapporto fra colleghi) e divise in tre sezioni, la prima relativa al rapporto col proprio lavoro, la seconda ai rapporti con l'azienda e la Direzione Aziendale, la terza relativa all'Unità Operativa di appartenenza.

L'Agenzia Sanitaria Regionale ha messo a disposizione il prodotto finale a tutte le Aziende Sanitarie della regione che lo richiedessero per realizzare un percorso di autodiagnosi, con l'impegno di restituire una copia dei dati raccolti al coordinatore regionale del progetto, al fine di consentire l'implementazione di un osservatorio sul clima organizzativo.

L'indagine è stata inizialmente condotta tra il 2000 e il 2002 coinvolgendo il personale dell'Azienda Usl di Ravenna e il personale dell'Azienda Ospedaliera di Ferrara.

Entrambe le Direzioni Generali si sono impegnate ad utilizzare i risultati come uno degli strumenti su cui basare azioni di cambiamento e a mettere a punto specifiche strategie per rendere operative tali azioni: nel caso della Azienda di Ravenna, oggetto negli anni precedenti di un importante processo di ridimensionamento e di riconversione dei servizi, l'indagine di clima ha voluto essere utilizzata essenzialmente come forte momento comunicativo e l'insediamento della nuova Direzione Generale è stato giudicato occasione perfetta per fotografare il "momento zero" con l'intenzione di andare a rimisurare, a fine mandato, i risultati delle innovazioni introdotte (nel caso particolare uno stile di direzione di tipo partecipativo).

L'indagine conoscitiva è stata preceduta da una lettera dei Direttori Generali che illustrava le motivazioni dell'iniziativa ed un esplicito invito alla partecipazione e contemporaneamente si è provveduto alla presentazione alle Organizzazioni Sindacali e agli organi decisionali e consultivi dell'Azienda.

Si è verificato alla fine che dove maggiore è stato l'appoggio fornito all'iniziativa dai responsabili di dipartimento, maggiore è stata l'adesione degli operatori.

I questionari sono stati somministrati nel corso di incontri organizzati *ad hoc* e riconosciuti per i dipendenti come attività in orario di servizio, offrendo due o più date alternative e concordando orari che tenessero conto di turni e articolazioni particolari dell'orario di lavoro.

Un fattore chiave per ottenere risultati attendibili è stato quello di garantire ai partecipanti l'anonimato, per tranquillizzare rispetto ad eventuali ritorsioni legate a giudizi negativi e a tal fine sono state predisposte delle urne all'interno delle quali inserire i questionari compilati. Presso l'AUSL di Ravenna al fine di aumentare il valore comunicativo dell'iniziativa si è anche deciso di far seguire la compilazione da un momento di discussione libera, durante il quale gli operatori potevano esprimere valutazioni e suggerimenti sull'iniziativa e sulla possibilità di utilizzo dei dati.

La partecipazione all'iniziativa grazie a tutti questi accorgimenti è stata circa del 63% a Ravenna e del 65,7% a Ferrara, valori senz'altro buoni se consideriamo che la ricerca era estesa anche a personale dislocato sul territorio provinciale.

I dati sono stati successivamente elaborati ricorrendo a una ditta esterna che ha permesso di completare l'operazione in tempi rapidi, ed ha consentito l'utilizzazione di strumenti di statistica descrittiva con tabelle e istogrammi che sono entrati a far parte del rapporto contenente i dati da restituire ai dipendenti.

Il questionario si è dimostrato un valido strumento per misurare i fattori che influenzano lo stato delle relazioni interne aziendali e l'alta partecipazione in entrambe le Aziende denota il bisogno di esprimere le proprie percezioni soggettive rispetto all'ambito organizzativo del lavoro.

Dai dati emersi ci sembra opportuno rilevare come gli intervistati abbiano sottolineato positivamente la collaborazione con i colleghi, il lavoro in equipe, il "gioco di squadra" mentre appare lontano e frustrante tutto ciò che concerne l'Azienda: strategie, piani, sistemi incentivanti: quello che emergono, sono, dunque, delle criticità relative agli aspetti cognitivi della comunicazione interna: conoscenza e informazione.

Sono aspetti su cui le Direzioni generali sono chiamate ad intervenire, esplicitando il legame tra l'azione correttiva e il dato emerso dall'indagine di clima, al fine di chiarire l'intenzione di fornire risposta ad un bisogno evidenziato dai dipendenti e minimizzando, in tal modo, il rischio di togliere credibilità allo strumento che potrebbe essere percepito come puramente speculativo.

Ovviamente, una valutazione della validità di un'indagine di clima, come supporto per la gestione delle risorse umane, non può prescindere dalla verifica delle azioni correttive, da effettuarsi tramite la ripetizione dell'indagine dopo un congruo periodo. Sulla scorta di questa considerazione, la Direzione Aziendale dell'Azienda Ospedaliera S.Anna di Ferrara, se da un lato negli anni 2002 – 2004 ha lavorato per una radicale modifica dei meccanismi di attribuzione degli obiettivi e del sistema premiante in linea con quanto emerso dall'indagine (favorita una migliore comunicazione interna, sviluppate schede di assegnazione individuale di obiettivi annuali per ogni dirigente e per ogni unità titolare di coordinamento), dall'altro, a completamento del ciclo, è stata la prima ad effettuare una nuova indagine sul clima organizzativo nell'autunno 2004 al fine di ottenere elementi per realizzare un confronto con il passato e anche con i dati raccolti dalle altre 9 aziende sanitarie che nel frattempo avevano proceduto alla medesima rilevazione.

L'indagine si è svolta nel mese di Novembre 2004 e dall'esperienza maturata attraverso l'utilizzo del questionario ICONAS è stato possibile estrapolare un numero rappresentativo pari a 129 unità rispetto alla popolazione dell'azienda complessiva di 2600 dipendenti.

Il personale sorteggiato è stato convocato attraverso informativa sul cedolino dello stipendio, comunicazioni cartacee, e-mail, e messaggi in bacheca. Le comunicazioni del Direttore Generale, come nel caso della prima rilevazione, offrivano la possibilità di scegliere tra più date per la compilazione. Gli incontri della durata di 1 ora prevedevano i primi 45 minuti per le istruzioni e la compilazioni, i successivi 15 per dare la possibilità ai partecipanti di esprimere a voce commenti relativi ai propri vissuti relativi agli ambiti toccati dal questionario.

L'analisi dei dati permette per la prima volta un confronto con i dati emersi nel precedente studio del 2001 e quello che risulta evidente dai risultati è che taluni aspetti come la formazione, la soddisfazione del proprio lavoro, la comunicazione interna, la qualità dei servizi erogati, la conoscenza della mission e della vision aziendale, chiarezza dei ruoli e dei compiti sono in netto miglioramento rispetto ai valori precedenti.

Tra le differenze analizzate si nota che in nessuna domanda si riscontra una variazione nulla o negativa, si possono sono identificare domande con un margine di miglioramento più limitato, come quelle relative al livello retributivo percepito, ai locali, alle attrezzature tecniche.

Molto importante è stato lo spazio riservato all'indagine di tipo qualitativo effettuata analizzando i commenti verbali liberi in un assetto tipo "focus group" ai quali è stato dato spazio nel corso degli incontri. Sono così emerse delle tematiche nuove che non erano state previste ne all'epoca della creazione del questionario nè nel 2001:

- le difficoltà inerenti i corsi per i crediti ECM
- il continuare a sentirsi dei numeri, piuttosto che persone a cui richiedere parere o altro (un dato che non emergeva dalle risposte ai questionari)

- i rapporti con un’utenza sempre più esigente rispetto alla quale non era offerta nessuna tutela contro eventuali azioni legali.

4.2. Il caso dell'Azienda Ospedaliera "Bolognini" di Seriate (Bg)

In questa ricerca il laboratorio di sperimentazione preso in esame è l' Azienda Ospedaliera "Bolognini" di Seriate, caratterizzata da un complesso di presidi ospedalieri dislocati su un ampio territorio e radicati in una realtà sociale e culturale diversificata.

L'Azienda ha più di 2400 dipendenti, oltre 1000 posti letto, 50 Unità Operative di Ricovero, 42 mila ricoveri l'anno, oltre 3 milioni di prestazioni ambulatoriali annue, un bilancio intorno ai 134,27 milioni di euro.

Con la sola eccezione di Seriate, gli altri 5 Ospedali dell'Azienda sono situati in un'area geografica di media od alta valle e comunque all' interno del territorio di Comunità Montane.

Si arriva in tal modo a definire un bacino d'utenza che comprende 94 Comuni, con una popolazione complessiva di circa 289.000 abitanti sui 949 mila della Bergamasca.

La Regione Lombardia negli ultimi anni si è impegnata in un ampio processo di cambiamento innescato dalla legge 31/1997, che ha delineato un nuovo modello istituzionale volto a perseguire un miglioramento dell'efficienza delle Aziende Sanitarie in linea con i parametri europei. Il traguardo è di coniugare la razionalità economica con l'equità sociale, in un tempo, con risorse decrescenti a fronte di bisogni sanitari, che tendono a dilatarsi per effetto della applicazione tecnologica e dell'aumento della popolazione anziana, della domanda sempre più sofisticata e personalizzata. Ciò nonostante l'impegno è di offrire, senza lunghe attese, un qualificato servizio al cittadino che acquisisce sempre più una posizione di cliente.

L'obiettivo aziendale è trovare risposte adeguate nelle aree territoriali con una propria omogeneità e rilevanza sanitaria, con una logica ispirata ad un progressivo adattamento, flessibilità, integrazione e sviluppo organizzativo che deve passare attraverso una serena motivazione, qualificazione e coinvolgimento della più importante risorsa della sanità: il personale tutto.

La "mission"[49], intesa come finalità generali dell'Azienda, consiste infatti nell'assicurare, in ogni circostanza, la cura più appropriata ad ogni paziente, senza discriminazioni di sesso, razza, nazionalità e condizione sociale, attraverso la pratica clinica integrata, la ricerca e la formazione. Gli obiettivi sono soprattutto due:

- provvedere all'assistenza e al trattamento della fase acuta della malattia attraverso interventi diagnostici, terapeutici e riabilitativi, tecnologicamente aggiornati ed effettuati in regime di ricovero, di emergenza e urgenza, ordinario, diurno, domiciliare o ambulatoriale;
- essere anche luogo di sviluppo di cultura sanitaria, di ricerca intellettuale e di aggiornamento professionale per i medici interni ed esterni, il personale infermieristico e la collettività.

L'alta professionalità degli operatori è il capitale più prezioso di cui dispongono gli ospedali. L'ospedale deve ruotare intorno alla persona e alle sue necessità. Grande attenzione e massima considerazione quindi per i malati ma senza dimenticare gli operatori, il forte stress a cui sono sottoposti e il loro lavoro, competenza e meriti spesso poco riconosciuti.

[49] La "mission" e la "vision" Aziendale sono state delineate nel Piano di Organizzazione Aziendale presentato in Regione Lombardia a fine febbraio 2004.

La “vision” (vedi nota 51), intesa come criteri generali di organizzazione dell’Azienda, si identifica nei seguenti punti fondamentali, che assumono carattere di impegno strategico e di valore irrinunciabili:

- schema operativo non piramidale ma con poca distanza fra vertice strategico e base operativa
- flessibilità programmata in base ai bisogni del cittadino-cliente e culturalmente orientata
- attenzione allo sviluppo ed al monitoraggio dei processi gestionali, al continuo miglioramento della performance, secondo parametri di efficacia, efficienza e qualità, nel quadro di un generalizzato forte e diffuso orientamento anche culturale dei risultati a tutti i livelli di intervento decisionale ed operativo
- capacità di valorizzare, coinvolgere, gratificare e responsabilizzare

il personale senza distinzione di ordine e grado, su obiettivi prioritari chiari, realistici, resi noti e condivisi, all’interno di strutture organizzative che facilitino la comunicazione, il lavoro di gruppo, l’integrazione delle professionalità e delle responsabilità, le capacità competitive ed il senso di appartenenza

È fondamentale sviluppare apertura e sensibilità nei confronti dell’ambiente esterno in tutte le sue espressioni rappresentative politiche, istituzionali, socio-economiche, culturali, per operare e realizzare:

- la soddisfazione dell’utenza;
- la soddisfazione del personale;

- il massimo coinvolgimento del personale a tutti i livelli gratificandone il lavoro, valorizzandone professionalità, iniziativa, collaborazione, capacità operative. Consultive e decisionali in spirito autenticamente partecipativo e di diretta corresponsabilizzazione nel raggiungimento dei risultati;

- obiettivi quanto più possibile garantiti dal consenso esterno e interno;

- la responsabilizzazione del personale alle finalità, ai valori e alla realizzazione degli obiettivi di una azienda che è a servizio di persone in stato di bisogno

- la cultura della trasparenza e della responsabilità;

- l'abbattimento delle barriere umane nell'ambiente di lavoro, finalizzato a diffondere una cultura aziendale e creare i presupposti per l'avvento di un management diffuso a testimonianza della crescita partecipativa dell'insieme dell'Azienda tramite l'insieme degli operatori;

- la diffusione della cultura della testimonianza di servizio, della umanizzazione delle strutture e dei comportamenti;

Nell'Azienda l'indagine di clima è stato proposta dall'Ufficio Qualità Aziendale, ai fini dell'attuazione dei requisiti di Accreditamento D.G.R. n° 38133 del 6/8/1988 e in conformità ai requisiti della norma UNI EN ISO 9001:2000, e a recepimento della nuova direttiva del ministro della funzione pubblica del 24 marzo 2004 ([50]) sul benessere organizzativo nelle pubbliche amministrazioni. Quest'ultima è uno degli obiettivi essenziali che si prefigge la "Nuova" P. A. nell'ambito del suo cambiamento ormai inarrestabile e che va avanti sin dagli anni '90 con l'emanazione di leggi più o meno applicate. Il benessere organizzativo va veicolato e orientato nella direzione del lavoratore inteso come persona al centro del processo lavorativo, come risorsa essenziale della produttività della pubblica amministrazione. Proprio perchè l'individuo rappresenta il fulcro del cambiamento e della "modernità" amministrativa, vanno reinventate, ripensate, valorizzate e mediate le relazione interpersonali, eliminando dissonanze e conflitti che deturpano inequivocabilmente il clima lavorativo, aspetto integrante dell'organizzazione. Quando si parla di organizzazione non si può non considerare una buona e necessaria comunicazione interna con adeguate informazioni normative, aggiornamenti, formazione ad hoc e bilancio di competenze.

L'Azienda ha pianificato questa indagine al fine di rilevare le percezioni che i dipendenti hanno del contesto operativo in cui lavorano e delle strategie e modalità organizzative adottate dall'Azienda stessa per lo sviluppo e la valorizzazione del personale, in modo da attivare, sulla base dei risultati conseguiti, una serie di azioni volte a migliorare l'organizzazione nel suo complesso e ottenere un maggiore coinvolgimento e una più intensa collaborazione da parte del personale.

Per la Direzione Aziendale tale indagine costituisce infatti un importante momento di diagnosi organizzativa, in quanto ritenuta un buon predittore della

[50] Presidenza del Consiglio dei Ministri Dipartimento della Funzione pubblica direttiva 24 marzo 2004 - (in *G.U.* n. 80 del 5 aprile 2004) - Misure finalizzate al miglioramento del benessere organizzativo nelle pubbliche amministrazioni

soddisfazione lavorativa e del turnover organizzativo, fornendo anche informazioni utili sul bisogno formativo.

Ulteriore aspettativa, ma non meno importante, è che tale indagine sia in grado di generare coinvolgimento e partecipazione, in quanto testimonia un'attenzione particolare che l'Azienda riserva in relazione alle risorse umane.

La premessa per costruire un modello di indagine è la definizione del concetto, al fine di individuare le variabili che saranno oggetto della rilevazioni.

È solo con l'introduzione di concetti più semplici, o meglio specifici, definiti indicatori, che si può procedere alla traduzione del concetto generale in termini osservativi ed empirici.

L'identificazione degli indicatori è una fase molto complessa, in quanto quando si cerca di individuare un indicatore adatto bisogna innanzitutto chiedersi cosa si vuole misurare del fenomeno che stiamo considerando.

Nel caso specifico si è partiti dalla definizione del concetto di clima organizzativo, che è stato inteso, in un'ottica gestionale, come la somma delle percezione e delle opinioni del personale relative sia alle modalità d'azione organizzative adottate, sia alle iniziative assunte per lo sviluppo e valorizzazione del personale.

Questa interpretazione ha consentito l'individuazione delle dimensioni di analisi che sono:

- il cambio di cultura organizzativa, vale a dire la percezione sul grado di mutamento della cultura organizzativa, prefigurato dai numerosi interventi normativi di riforma della pubblica amministrazione, approvati dagli inizi degli anni novanta

- il sentimento del potere, interpretato come la percezione dell'importanza di ciascuno nell'ottica dei centri di ascolto
- la comunicazione interna, data dalle opinioni sulla funzionalità dei nuovi processi di comunicazione interna finalizzati al raggiungimento degli obiettivi di lavoro
- l'efficacia organizzativa, volta a rilevare le opinioni sull'efficienza delle prassi organizzative e dei principi della managerialità relativamente al lavorare per obiettivi
- la chiarezza organizzativa, vale a dire le opinioni sulla chiarezza e sulla funzionalità degli assetti e delle modalità organizzative e dei criteri di valutazione ed incentivazione
- la motivazione, intesa come le percezioni sul livello motivazionale del personale anche alla luce delle iniziative intraprese.

In pratica sono stati utilizzati gli aspetti ritenuti più importanti dalla letteratura, ipotizzando il clima come un costrutto proteiforme con importante potere esplicativo.

Un'altra decisione importante nell'elaborazione di un modello di indagine del clima interno riguarda lo strumento diagnostico, che, tipicamente, può essere (cfr. Cap.3):

- un questionario
- un'intervista in profondità

Solitamente è utilizzato il questionario, perché risulta essere più funzionale ad una peculiarità dell'indagine di clima, vale a dire, la sua ripetizione nel tempo e garantisce maggiormente l'anonimato di coloro che lo compilano.

La principale differenza intercorrente tra i sue strumenti diagnostici concerne il tipo di dati ottenibile dal loro utilizzo, che sono di natura quantitativa con il questionario e di carattere qualitativo con l'intervista in profondità.

La predisposizione di un questionario, volto a rilevare il clima interno, richiede un lavoro metodologicamente rigoroso e complesso da parte di persone competenti. I questionari relativi a tale tema sono numerosi, in quanto i vari orientamenti teorici e alcune società di consulenza hanno elaborato e testato un proprio modello, sulla base dei fondamenti metodologici ritenuti più giusti. Le differenze attengono non solo alla struttura dei questionari (ad esempio: il numero di items, l'inserimento di alcune domande aperte o meno, la formulazione delle domande utilizzando il "tu" o gli "altri", ecc.), ma al tipo di scale di valutazione adottate, al loro grado di attendibilità, di consistenza, di coerenza e di stabilità interna. Nel caso in esame, il gruppo di lavoro interno, costituito da professionalità diverse (medico, psicologo, amministrativo, esperto di qualità) ha suddiviso il questionario suddiviso in due parti:

1) la prima, volta a raccogliere alcune informazioni sulla categoria professionale e sull'ospedale di appartenenza.
2) la seconda, finalizzata a rilevare il livello di criticità percepito rispetto ai fattori organizzativi ritenuti chiave per una migliore funzionalità della struttura stessa.

Quest'ultima parte contiene 11 domande a risposta chiusa, articolate in più item, predisposte rispettando alcuni criteri metodologici, noti nella letteratura di settore:

- brevità delle frasi;

- univocità degli items, cioè ognuno deve riferirsi ad una variabile;
- disporre inizialmente gli items che implicano un minor grado di coinvolgimento emotivo al fine di creare un atteggiamento positivo nell'intervistato e al termine del questionario, quelle legate ai temi più "caldi".

La scala di valutazione utilizzata è descrittiva ed è articolata in un numero pari di misure (4 misure: per nulla, poco, abbastanza, molto); questa scelta ha voluto evitare il punto di indifferenza, quello centrale, perché l'analisi di clima rileva le percezioni e non il grado di conoscenza relativamente ad un argomento.

A queste 11 domande ne è stata aggiunta una dodicesima sulla qualità della vita lavorativo - professionale, intesa come risposta emotiva od affettiva verso specifici aspetti del lavoro.

Nell'indagine è stato utilizzato un unico modello di questionario senza fare differenziazioni rispetto a ciascuna delle categorie di personale presente all'interno della struttura sanitaria.

La ricerca delle dimensioni in un indagine di clima ha mostrato difformità tra il personale di assistenza diretta (OTA) rispetto a quello infermieristico., piuttosto che quello medico. Tali differenze potrebbero essere imputate alle specifiche mansioni ed alle diverse esperienze lavorative. In ogni caso i questionari proposti per categoria professionale differiscono perlopiù a livello formale e cioè relativamente al modo in cui le domande sono formulate (ad esempio, nell'indagare il senso di appartenenza di un soggetto ad un livello di collettivo, mentre si chiede ad un impiegato/infermiere "quanto è soddisfatto di lavorare nella sua unità operativa" si chiede ad un dirigente "quanto è soddisfatto dell'unità operativa a cui è preposto), e non nella sostanza, quindi si è proceduto alla predisposizione di un questionario il più possibile simile per le diverse categorie professionali, in modo da non pregiudicare l'accuratezza dell'indagine.

Il questionario dell'azienda in esame è stato sottoposto ad una serie di prove atte a valutarne le caratteristiche psicometriche (validità e affidabilita). Per testare la validità del questionario si è proceduto innanzitutto ad una rassegna sistematica del contenuto delle voci effettuata tramite un panel di esperti (validità del contenuto). Si è poi proceduto a somministrare il questionario ad un numero definito di operatori (due per ogni categoria professionale), con il duplice scopo di testare il "funzionamento" del questionario e di effettuare su di esso alcune prove psicometriche (prove di affidabilità esterna).

Il questionario è stato via via integrato e modificato fino alla sua versione definitiva.

Il processo di diagnosi si è sviluppato attraverso le seguenti fasi

1) informazione interna
2) raccolta di dati
3) elaborazione ed interpretazione dei dati raccolti
4) restituzione dei risultati

Fase informativa

La fase informativa è avvenuta contestualmente alla consegna del questionario stesso, che è stato allegato al cedolino paga, preceduto con una breve nota del direttore generale con cui si è comunicato:

1) gli obiettivi prefissati

2) le modalità operative di realizzazione

3) il contributo richiesto a ciascuno

Raccolta dati

Gli operatori della struttura sanitaria hanno restituito il questionario di indagine di clima, depositandolo in apposite urne situate all'interno della struttura lavorativa.

Elaborazione ed interpretazione dei dati raccolti

All'elaborazione ed interpretazione dei dati raccolti ha proceduto il gruppo di lavoro interno all'azienda. I risultati ottenuti hanno descritto il clima organizzativo presente nella struttura sanitaria e le criticità maggiormente sentite dai collaboratori. Inoltre hanno supportato e indirizzato la direzione aziendale nella scelta degli interventi organizzativi, volti al superamento delle criticità emerse.

Sono stati predisposti report di dettaglio per la direzione aziendale, un report di sintesi per i Direttori di Dipartimento e i Responsabili di area amministrativa, e un report riassuntivo per tutti i dipendenti.

Restituzione dei risultati

I risultati dell'indagine sono stati comunicati con una nota del Direttore Generale a tutti i dipendenti dell'azienda tramite il cedolino paga mensile, che viene recapitato a domicilio.

Sono stati restituiti 371 questionari su 2221 distribuiti. La percentuale di restituzione (16,7%) è stata complessivamente limitata, ma ha consentito tuttavia ai ricercatori di rilevare i seguenti aspetti:

a) ***Percezione del cambiamento***: In azienda c'è una netta percezione di avvenuti cambiamenti rispetto allo stile di lavoro soprattutto in termini di ritmo e modalità.

Questi cambiamenti hanno prodotto o stanno producendo per lo più incertezza, poca soddisfazione e ridotta motivazione.

Rispetto ai rapporti interpersonali e ai rapporti gerarchici la percezione del cambiamento è espressa in termini confusi e/o ambivalenti; per migliorare andrebbero apportati alcuni correttivi, primo fra tutti quello di sostituire il più possibile il controllo con la fiducia e lo sviluppo delle risorse umane, che risultano ben disposte ad assicurare una più intensa collaborazione, purchè maggiormente ascoltate, rese partecipi e responsabilizzate sui risultati. A questo riguardo la filosofia della qualità totale, attraverso la teoria del miglioramento continuo, si indirizza proprio in questa direzione in quanto presuppone un approccio partecipato del personale ad ogni livello gerarchico e per ogni tipologia professionale

Nelle Unità Operative in cui è stata attivata la Certificazione di Qualità, si evince dai dati analizzati un modico leggero cambiamento positivo ; questo risultato deve essere però interpretato tenendo conto che l'impianto e la messa in atto di un Sistema Qualità è anzitutto un problema culturale, oltre che organizzativo, e che all'interno della struttura sanitaria in esame il sistema qualità è stato introdotto da poco tempo.

b*) Vicinanza della direzione aziendale, della direzione di Ospedale e dei Responsabili di U.O.*

L'Alta Direzione viene percepita per nulla o poco vicina dall' 85% degli operatori; anche le Direzioni di Ospedale sono percepite come poco o per nulla vicine.

Rispetto al Responsabile di U.O./Servizio complessivamente prevale la percezione di vicinanza, tranne a Clusone e Lovere dove nemmeno il Responsabile diretto viene percepito vicino.

Analizzando il dato per categorie professionali, sono soprattutto gli infermieri a valutare poco o per nulla vicini i livelli di direzione, inclusi i Responsabili di U.O. Questo aspetto si ricollega al bisogno dell'operatore di essere coinvolto nel processo aziendale, la soluzione è ridurre la distanza fra vertice strategico e base operativa, proprio sulla base di quei processi di ascolto e di empatia che sono auspicati da tutti gli operatori della base organizzativa.

La capacità di ascolto da parte della direzione aziendale è necessaria per amplificare i segnali deboli, dando voce a chi, normalmente, in un contesto organizzativo non possiede molta voce. L'ascolto diviene, paradossalmente, un messaggio che l'azienda invia al proprio pubblico di riferimento, sia esso interno o esterno: "qui le persone contano, noi le ascoltiamo!". È un messaggio che si rifà alla corrente "calda" della comunicazione, quella più coinvolgente, che utilizza non tanto circolari o ordini di servizio, quanto piuttosto analogie e metafore.

Per migliorare questa dimensione bisogna introdurre accanto a strategie di ascolto istituzionalizzate e permanenti (colloqui direzione-dipendenti) circoli qualità, house-organs ecc., che possono essere attivati direttamente dalla base organizzativa.

***c) Senso di appartenenza e partecipazione alla vita aziendale*:** Il senso di appartenenza costituisce un notevole potenziale a disposizione dell'organizzazione e può essere definito come la risposta affettiva dell'operatore nei confronti della struttura in cui lavora. In questo caso specifico si rileva uno scarso senso di appartenenza aziendale, che può nascondere persone indifferenti rispetto agli scopi e all'identità dell'azienda, forse anche a causa dei repentini accorpamenti e razionalizzazioni avvenute in brevi anni e che, dunque, non hanno consentito una comprensione completa dell'evoluzione che il sistema sanitario sta subendo all'interno del contesto macro socio-economico, con tutte le sue ripercussioni a livello micro.

Inoltre in generale l'operatore non percepisce la propria collocazione aziendale, e ritiene di essere poco coinvolto in attività di formazione, informazione e comunicazione.

L'azienda da qualche anno sta utilizzando in modo sistematico la formazione per motivare il proprio personale; il fatto che esso si senta poco coinvolto in questo tipo di attività può significare che il fabbisogno formativo di ciascuno è sottostimato. Una soluzione potrebbe essere interpellare direttamente gli interessati, chiedendo ad ognuno il proprio fabbisogno formativo, tramite la somministrazione di questionari di autovalutazione. Inoltre nell'ottica del coinvolgimento partecipato del personale, si può proporre al dipendente che raggiunge determinati livelli di capacità sul lavoro e preparazione professionale, la possibilità di essere utilizzato come formatore all'interno della struttura stessa.

L'aspetto ludico/ricreativo è quasi completamente escluso come meccanismo di coinvolgimento nella vita aziendale.

d) Trasferimento di informazioni/comunicazioni interne

Per misurare la motivazione e la soddisfazione derivante dal lavoro in sé stesso, si sono dati come indicatori la razionalità dell'organizzazione del lavoro, la qualità ed il livello di efficienza dei supporti tecnologici e informatici, l'ottimizzazione dell'impiego degli stessi, la semplicità e la speditezza delle procedure interne, la rapidità e l'affidabilità dei sistemi di comunicazione interna.

Il trasferimento delle informazioni/comunicazioni interne non è ritenuto soddisfacente dagli operatori e deve essere migliorato nell'ottica del coinvolgimento maggiore delle interazioni fra clienti interni.

e) Rapporto con il proprio lavoro/prodotto aziendale e soddisfazione personale

Gli operatori trovano soddisfazione e apprezzamento per il proprio lavoro e buona comunicazione/informazione nella propria unità operativa.

Una delle variabili più importanti nello studio del clima organizzativo è l'autostima[51] intesa come:

- tendenza a considerare il prestigio l'approvazione sociale ed i riconoscimento formale come mezzi di autoassicurazione

---

[51] Spaltro E., Autostima e percezione di sè

- la capacità di gustare il piacere del successo come stato d'animo forte e durevole
- la volontà di avere promozioni ed incentivi come elementi di giustizia e come incentivo non materiale del lavoro
- il desiderio di avere maggiori responsabilità per merito e per fiducia in se stessi e non solo come aumento di status sociale e come "scatto di anzianità.

Emerge una valutazione chiara e positiva del prodotto aziendale, da parte di tutte le categorie e per tutte le strutture.

I dipendenti sono convinti di concorrere a produrre buone prestazioni e consiglierebbero il loro e anche gli altri ospedali a utenti e conoscenti.

Gli operatori in generale ritengono il posto di lavoro abbastanza sicuro, mentre ritengono poco soddisfatte le aspettative di carriera. In base al concetto di autostima, sopra evidenziato è' importante sottolineare che il grado di soddisfazione dell'operatore per la stima e la considerazione sociale derivante dalla propria posizione lavorativa è, come prevedibile, elevata. L'affermarsi nel lavoro è importante per il personale a tutti i livelli di responsabilità e una limitazione permanente alle prospettive di carriera, non accresce di certo la motivazione lavorativa.

f) ***Speranze per il futuro***

Nel complesso prevale una sensazione di "stallo" e immobilità, il campione di rispondenti dà un'idea di poca speranza evolutiva.

In generale molto più soddisfatti e con prospettive decisamente positive appare la categoria dei dirigenti tecnici e amministrativi.

In estrema sintesi centrale sembra il problema di una insufficiente comunicazione/informazione interna, che è strettamente correlato all'altro elemento critico, cioè la lontananza dei vari livelli di direzione (sia quella aziendale che quella dei singoli Ospedali).

Una maggior informazione/comunicazione potrebbe migliorare comprensione e condivisione degli obiettivi e delle strategie aziendali.

Per concludere i ricercatori hanno sottolineato la difficoltà di spiegare la natura e gli scopi al personale coinvolto, in modo da sollecitarne la risposta. La soluzione che il gruppo di progetto della direzione generale ha individuato è stata, come abbiamo visto, quella di far precedere al questionario un testo esplicativo degli scopi dell'indagine. Sull'efficacia della soluzione adottata si pongono dubbi nel momento in cui si considera la bassa percentuale di questionari restituiti e compilati, anche se potrebbero avere inciso anche fattori come la novità dello strumento e l'incertezza sulla garanzia di anonimato (voce incontrollata che si è diffusa in Azienda immediatamente dopo la distribuzione dei questionari). A maggior ragione se e quando l'Azienda riproporrà l'iniziativa sarà indispensabile farla precedere da momenti di informazione adeguati in termini di tempistica e di approfondimento.

Peraltro questa indagine è stata pianificata e gestita all'interno dell'organizzazione stessa; l'azienda non si è infatti avvalsa della collaborazione di consulenze esterne in alcuna delle fasi del processo: dalla definizione del modello diagnostico all'elaborazione e all'interpretazione dei dati raccolti tutte le fasi sono state curate da un gruppo di progetto attivato in seno alla direzione generale, incaricato dell'organizzazione operativa, dell'analisi e del relativo processo di comunicazione interna.

Sulla restituzione dei questionari potrebbe aver avuto un effetto controproducente anche questa scelta di gestione interna dell'indagine di clima. In una futura eventuale rilevazione occorrerà valutare l'opportunità di commissionarne la realizzazione ad una società esterna, col vantaggio di indurre nell'immaginario collettivo una percezione di maggiore oggettività e di dissociazione tra chi è in qualche modo valutato (l'organizzazione nelle sue articolazioni e livelli di responsabilità) e chi valuta (gli operatori stessi dell'organizzazione).

Quanto all'efficacia dell'indagine rispetto alle attese dell'organizzazione, questa rilevazione del clima organizzativo ha senz'altro permesso all'Azienda di individuare sia alcuni punti di forza che alcuni ambiti di criticità.

Rispetto agli ambiti risultati più critici, lo scarso senso di appartenenza aziendale e la insoddisfacente comunicazione interna, sono stati identificati e pianificati interventi correttivi e migliorativi, definendone livelli di applicazione, attività e responsabilità.

Pare quindi di poter evidenziare che questa indagine ha effettivamente consentito di identificare spazi di miglioramento effettivo rispetto alle dinamiche interne dell'organizzazione.

Un pò meno efficace è risultata l'iniziativa in termini di coinvolgimento e partecipazione (vedi sopra la discussione relativa alla bassa percentuale di restituzione dei risultati), ma questo non esclude a priori che in azienda sia stato lanciato un segnale di attenzione particolare alle risorse umane.

L'analisi del clima all'interno dell'Azienda Ospedaliera "Bolognini" ha costituito peraltro la fotografia di una situazione esistente al momento dell'indagine, ma poiché la situazione lavorativa si modifica costantemente avrà un senso riproporre l'iniziativa in futuro, anche per rilevare se gli interventi di miglioramento programmati sono stati efficaci e se hanno quindi modificato, ed in quali termini, il clima interno.

In conclusione l'esperienza effettuata presso l'Azienda Ospedaliera Bolognini conferma che l'indagine di clima rappresenta uno strumento strategico a disposizione di una struttura sanitaria per rivolgere un'attenzione particolare ai propri operatori che inevitabilmente costituiscono lo "strumento tecnologico" per eccellenza.

4.3. L'esperienza della Azienda Sanitaria di Lecco [52]

In seguito all'insediamento della nuova Direzione Generale, nel mese di Aprile 2003 nell'Azienda Sanitaria Locale della provincia di Lecco è stata condotta una indagine sul clima organizzativo riguardante il quinquennio precedente. Tale indagine è stata focalizzata sulla misurazione delle percezioni inerenti la struttura, i rapporti, le relazioni e le attività in atto al suo interno con l'obiettivo di individuare le aree di miglioramento e le relative priorità di intervento ma anche i punti di forza esistenti in azienda. In un'ottica di *knowledge managmnent* e, quindi, di sviluppo competitivo dell'Azienda, si è utilizzata l'indagine anche per valorizzare le valutazioni espresse dal personale che in tal modo comincia ad acquisire un ruolo attivo nello sviluppo dell'organizzazione.

L'indagine si inserisce nel monitoraggio della qualità dei servizi erogati attuato da diversi anni nell'Azienda con la diffusione ai cittadini e alle imprese del territorio di strumenti specifici per la rilevazione della *customer satisfaction,* estendendo anche alle risorse umane interne l'attenzione che la Direzione rivolge alla soddisfazione e alla partecipazione degli *stakeholders* aziendali in un'ottica di miglioramento continuo. La scelta deriva dalla fondamentale intuizione che " le percezioni del cliente interno – il personale – in merito all'ambiente lavorativo hanno un impatto diretto sulla percezione che il cliente esterno – l'utente – ha della qualità dei servizi offerti". Il mandato dell'indagine è stato definito dalla Direzione Generale, e operativamente si è provveduto ad articolare, da parte dell'Ufficio Promozione Qualità e dell'Ufficio Sviluppo Risorse Umane due questionari *ad hoc,* uno per i dipendenti del comparto, e per i dirigenti professional ed uno per i Responsabili dei Centri di Responsabilità (CdR). I questionari sono stati strutturati in tre parti, una introduttiva che descrive le modalità e i criteri di compilazione, una di dati anagrafici-statistici in forma anonima, una terza costituita dagli item su cui esprimere il giudizio e sono stati inizialmente testati su un piccolo campione di dipendenti.

Tuttavia anche per l'indagine completa si è preferito somministrare il questionario ad un campione rappresentativo dell'intera popolazione dipendente, pari a 42 responsabili di CdR e 75 dipendenti del comparto-dirigenti professional (su un totale di 600 operatori).

Diverse sono state le modalità di somministrazione e di riconsegna: per i responsabili di Cdr si è proceduto alla somministrazione via posta elettronica, mentre per il ritorno si è seguita la via della posta interna; per dipendenti del comparto e dirigenti professional invece sono stati organizzati degli incontri in orario di lavoro con riconsegna del questionario con inserimento in urna.

L'interesse e la partecipazione delle persone coinvolte nell'iniziativa sono stati notevoli: si è registrato infatti un ritorno del 91% dei questionari distribuiti al gruppo comparto-dirigenti professional, e del 60% per i Responsabili.

---

[52] R. Spinelli, F. Inviti, R.Moretti, L.Maggioni, G.Rossi, G.W.Locatelli, Indagine di clima organizzativo: l'esperienza della Azienda Sanitaria della Provincia di Lecco, Tendenze Nuove – 6/2003 nuova serie

Come era lecito attendersi i Responsabili hanno espresso significativamente una maggiore conoscenza dell'organizzazione e delle finalità aziendali, una maggiore partecipazione alla informazione e alla comunicazione interna, nonchè un migliore vissuto per quanto riguarda la condizione professionale e le possibilità date al personale di utilizzare le proprie capacità e conoscenze nello svolgimento delle funzioni lavorative. Ci pare utile ancora sottolineare come in merito all'individuazione delle priorità di intervento da attuare ad opera della Direzione generale, i due gruppi indichino aspetti diversi: per i Responsabili andrebbero chiariti la mission aziendale e i ruoli attribuiti, mentre per il comparto e i professional la priorità dovrebbe spettare ad una maggiore possibilità di crescita professionale e alla capacità dell'Azienda di affrontare i cambiamenti derivanti dall'esterno.

Un dato piuttosto evidente nelle risposte è stata l'alta percentuale di risposte non date, *i missing,* probabilmente a causa della novità dell'iniziativa che seppur ampiamente pubblicizzata non ha dissipato ogni diffidenza sulla garanzia dell'anonimato.

La parte aperta del questionario, in cui era possibile inserire suggerimenti/osservazioni, ha permesso inoltre di rilevare degli spunti interessanti sulla formulazione di alcuni item e sulle interpretazione dei dati raccolti.

Proprio da queste osservazioni si è potuto osservare, ad esempio, che sebbene i Responsabili dichiarino per la gran parte di conoscere bene la struttura dell'Asl, non hanno chiari allo stesso modo né la mission aziendale, né i processi, soprattutto per le attività a monte del loro intervento.

Le conclusioni dei ricercatori sottolineano il buon grado di partecipazione del personale, proponendosi tuttavia, in una successiva rilevazione, di ampliare il gruppo di lavoro comprendendo rappresentanti delle diverse professionalità presenti in Azienda al fine di ridurre il tasso di diffidenza emerso dalle risposte mancate.

Gli spunti raccolti dal questionario hanno suggerito interventi atti ad approfondire il livello di conoscenza dell'organizzazione attraverso il miglioramento dei flussi comunicativi interni o attraverso appositi corsi di formazione sulla *vision* aziendale.

Allo stesso modo sulla criticità emersa in merito alla condizione professionale per il personale non responsabile l'impegno della Direzione è stato quello di prevedere corsi mirati ad arricchire il bagaglio di conoscenze e competenze possedute, incrementando il coinvolgimento di tutti nelle scelte e nelle decisioni Aziendali.

Promuovendo l'indagine di clima la Direzione ha dato un forte segnale di attenzione e considerazione per la soddisfazione e l'analisi dei bisogni del personale.

I risultati del lavoro sono stati infine comunicati a tutto il personale Asl attraverso la pubblicazione di una relazione sul giornale aziendale e con riunioni organizzate a livello distrettuale.

4.4 Il benessere organizzativo nell'Azienda Sanitaria Usl n. 3 di Lagonegro – Regione Basilicata

"Le risorse umane per la nostra Azienda sono la componente fondamentale per la garanzia di riuscita della missione di servizio alla persona". Per dare concreta attuazione a questo fondamentale principio dell'Atto Aziendale, l'ASL n. 3 di Lagonegro (PZ) anche in applicazione della Direttiva 24 Marzo 2004 del Dipartimento della Funzione Pubblica "*Misure Finalizzate al miglioramento del benessere organizzativo nelle pubbliche amministrazioni*" ha avviato nell'anno 2005 un Progetto volto a rilevare lo stato del benessere organizzativo utilizzando il modello teorico e tecnico impostato dal Programma Cantieri[53] – Dipartimento della Funzione Pubblica.

Gli obiettivi specifici che hanno guidato il Progetto sono stati i seguenti:

- l'avviamento di un processo culturale di ripensamento del lavoro in sanità con il coinvolgimento di tutti gli attori coinvolti;
- la conoscenza delle opinioni degli operatori sulle dimensioni che determinano la qualità della vita e delle relazioni nei luoghi di lavoro;
- l'individuazione delle criticità nel contesto organizzativo dell'Azienda Sanitaria;
- il miglioramento del benessere organizzativo attraverso opportune azioni volte anche alla valorizzazione delle risorse umane.

Per la realizzazione del progetto è stato costituito un gruppo di lavoro multidisciplinare che dopo una forte campagna di comunicazione interna rivolta al personale, nel periodo Ottobre-Novembre 2005 ha organizzato incontri con tutti gli operatori per la compilazione del questionario fornito dal Programma Cantieri; all'indagine hanno aderito 495 dipendenti, il 60% del totale, una percentuale altamente significativa che testimonia l'interesse che ha suscitato l'iniziativa.

Avere utilizzato il questionario fornito dal Progetto Cantieri, ha consentito di avere dei parametri di riferimento che permettono di valutare la significatività dei dati emersi.

Così rispetto alla media generale si osserva che le dimensioni relative all' ascolto, alla circolazione delle informazioni, alla qualità relazionale, alla scorrevolezza operativa, all'utilità del lavoro e ai sintomi psicofisici si posizionano con valori superiori alla media e quindi sono dimensioni da considerare come punti di forza.

Sono emerse tuttavia dimensioni quali quella relativa all'equità, allo stress, alle caratteristiche dei compiti che raggiungono valori al di sotto della media e quindi rappresentano punti di debolezza all'interno dell'Azienda.

Analizzando il dato critico relativo all'equità, i ricercatori hanno riscontrato quanto le persone intervistate percepiscano non equo il rapporto tra dipendenti ed organizzazione, sia per quanto riguarda le pari possibilità di carriera, sia per le modalità di distribuzione degli incentivi e per l'inadeguatezza dei sistemi di valutazione: la mancanza di equità percepita dal personale, in estrema sintesi, è soprattutto quella legata ai sistemi premianti e ai percorsi di carriera.

Il giudizio critico sull'equità è riconfermato anche negli indicatori negativi, quando le persone affermano di avere la sensazione di non essere valutate adeguatamente o di contare poco nell'organizzazione. La conferma che l'equità

---

[53] Per il Programma Cantieri si guardi nel dettaglio il paragrafo successivo

sia percepita come un valore importante dai dipendenti trova la conferma che i sistemi per la valutazione del personale risultano fra le prime tre cose urgenti segnalate per migliorare l'organizzazione.

Per quanto riguarda la valorizzazione, essa occupa invece addirittura il primo posto fra i suggerimenti segnalati necessari: il personale a fronte di un riconosciuto impegno dell'amministrazione nell'assicurare una sufficiente disponibilità di mezzi/risorse per poter svolgere bene il proprio lavoro e nel fornire buone opportunità di aggiornamento professionale, lamenta come solo raramente siano apprezzati l'impegno e le iniziative presenti sul lavoro e come poche volte il lavoro consente di fare emergere le qualità personali e professionali di ognuno.

Per quanto concerne il dato emerso riferito alle relazioni interindividuali all'interno del contesto lavorativo emerge un dato che è in linea con le altre organizzazioni indagate con lo stesso strumento: le persone valutano molto positivo il rapporto con i colleghi, mentre quello con i dirigenti appare difficoltoso. Insomma se è alta la qualità delle relazioni orizzontali e si evidenzia una buona collaborazione tra colleghi, una motivazione a lavorare e a scambiarsi informazioni all'interno di gruppo lavoro, emerge, di contro, uno scarso coinvolgimento nelle decisioni prese dai superiori, poche volte vengono comunicati cambiamenti a tutto il personale, si lamenta la scarsa attenzione alle richieste e alle proposte dei dipendenti.

Esaminate le dimensioni dell'equità, della valorizzazione e della comunicazione all'interno della Asl di Lagonegro, i ricercatori si soffermano sulle dimensioni più critiche: le caratteristiche dei compiti e lo stress: si tratta di due dimensioni collegate, in quanto è noto come lo stress si manifesti quando le richieste dell'ambiente di lavoro superano le capacità del lavoratore di affrontarle e controllarle.

Il lavoro viene descritto come qualcosa di particolarmente impegnativo per la fatica mentale e l'impegno che comportano, la gestione dei frequenti rapporti con le persone e la diretta responsabilità. A questo si aggiunge un sovraccarico emotivo determinato dalle caratteristiche insite nel lavoro socio-sanitario.

Di fronte ai risultati e alle riflessioni emerse dall'analisi dei dati la Direzione Generale dell'Asl ha individuato alcune macro azioni di miglioramento che potrebbero contribuire in modo significativo per l'avvio di processi volti al superamento delle criticità individuate:

- *Migliorare le capacità dirigenziali in tema di gestione delle risorse umane e dei processi lavorativi*: si tratta fondamentalmente di dare una migliore competenza ai Dirigenti di struttura semplice e complessa in tema di gestione delle risorse umane, al fine di superare alcune problematicità emerse nell'indagine; appare utile pertanto un investimento sulla formazione privilegiando i contenuti riguardanti la gestione delle risorse umane, la comunicazione dirigente-personale, la capacità di ascolto, la costruzione partecipata dei processi lavorativi, in sintesi tutto ciò che occorre per pervenire ad uno stile di leadership efficace ed adeguata ad una organizzazione sanitaria moderna.

- *Recuperare il valore dell'equità attraverso politiche innovative di valorizzazione del personale*: si tratta di recuperare la fiducia e la responsabilità di tutto il personale e della dirigenza verso un sistema di equità ai vari livelli (retributivo, di carriera, di assegnazione di responsabilità); occorre concentrare gli sforzi nella definizione di percorsi e criteri oggettivi, chiari e pubblici. Tutto ciò va supportato da un forte investimento nella comunicazione interna e nello stabilire relazioni sindacali orientate verso obiettivi generali di efficienza e di efficacia. Questo percorso, indirizzato al recupero dell'equità, deve prevedere parallelamente azioni volte alla valorizzazione e alla incentivazione del personale, promuovendo interventi volti a far emergere le qualità professionali di ognuno, ad apprezzare l'impegno sul lavoro, a valorizzare le iniziative valide e ad offrire opportunità di aggiornamento e sviluppo professionale.

- *Costruire ambienti sani volti a prevenire lo stress e il fenomeno del mobbing*: si tratta di rispondere alla necessità espressa dai lavoratori di vivere il proprio lavoro in condizioni di totale salubrità, con spazi e confort adeguati. Pertanto si rende necessaria una ricognizione degli ambienti e di un loro adeguamento funzionale, prevedendo servizi specialistici per il trattamento di fenomeni di stress e mobbing.

Un ultimo aspetto che ci sembra utile sottolineare in quanto richiama il valore non meramente conoscitivo affidato al questionario, bensì il suo utilizzo al fine di indirizzare interventi operativi atti alla rimozione delle criticità emerse, è la decisione dei vertici aziendali della Asl di Lagonegro di costituire un gruppo aziendale per il benessere organizzativo che dovrà avere il compito di implementare e seguire le azioni di miglioramento, pervenendo anche alla costruzione di un sistema di monitoraggio del clima e dell'ambiente di lavoro. Questo gruppo dovrebbe vedere la partecipazione dei servizi aziendali significativi in tema di benessere organizzativo (gestione e sviluppo delle risorse umane, medicina del lavoro, psicologia clinica, sistema informativo, formazione..) opportunamente integrato da rappresentanti sindacali.

4.5. Il progetto Cantieri e le indagini delle Asl di Pavia e di Napoli (Asl Na2)

Di fronte alla complessità della realtà lavorativa, alle richieste che provengono dai destinatari dell'azione pubblica, al profondo intervento in corso nel contesto sociale con il conseguente ripensamento del tradizionale paradigma organizzativo, l'attenzione della risposta è stata necessariamente centrata soprattutto sul recupero dell'efficienza e sulla riduzione dei costi.

Tuttavia di fronte all'attuale complessità emerge l'esigenza di un ripensamento globale dell'organizzazione a partire dai sistemi di relazione tra gli individui, considerate sulla base di una molteplicità di dimensioni: sociali, di ruolo, ma anche emozionali e psicologiche.

Il progetto Cantieri [54] sin dal suo avvio nel febbraio del 2002 si è proposto di contribuire a sviluppare nelle amministrazioni italiane una nuova attenzione al cambiamento, aiutando la sperimentazione di soluzioni protese al miglioramento organizzativo e gestionale. *I Cantieri di Innovazione* hanno fornito alle Amministrazioni occasioni di approfondimento e supporto concreto attraverso un insieme strutturato e governato di strumenti orientati alla collaborazione tra amministrazioni e allo scambio di esperienze ponendosi innanzitutto l'obiettivo del raggiungimento di un elevato numero di partecipanti. A questo fine si è fatto ricorso a numerosi e differenziati canali di reclutamento, utilizzando tra l'altro sia annunci pubblicitari sulle pagine de *Il Sole 24 ore*, ritenuto per diffusione e prestigio un canale privilegiato per raggiungere i vertici delle Amministrazioni sia

---

[54] Dipartimento della Funzione Pubblica, Pensare al lavoro, Rubbettino, Roma 2004

comunicazioni dirette a tutti i sindaci dei maggiori Comuni, ai presidenti delle Province e delle Regioni.

Il progetto Cantieri ha dunque inteso lanciare una sfida alle pubbliche amministrazioni: *guardarsi dentro*, ovvero avviare un percorso di rilevazione e di analisi sui temi della salute organizzativa e della qualità della comunicazione dei propri contesti lavorativi, attraverso la sperimentazione di un'indagine volta a misurare il grado di *benessere* e di *malessere* dei dipendenti individuando nel contempo i fattori di criticità negli aspetti strutturali, organizzativi e relazionali del lavoro. La finalità è stata quella di promuovere l'acquisizione di metodi e non solo di soluzioni: negli anni, infatti, troppo spesso si è assistito ad interventi volti a far adottare alle amministrazioni soluzioni preconfezionate, non sempre adatte ai loro bisogni specifici. Con i Cantieri di Innovazione il Dipartimento della Funzione Pubblica si è impegnato in un percorso che favorisse innanzitutto la consapevolezza dei problem da affrontare, la capacità di analizzare il contesto all'interno del quale si sono presentati i problemi e la ricerca più adeguata alla specifica situazione con il chiaro intento di promuovere una cultura duratura e diffusa.

L'adesione iniziale al progetto, avviato nel giugno 2003 è stata numerosa: circa 500 amministrazioni hanno chiesto di partecipare e nonostante il numero si sia progressivamente ridotto durante il ciclo di seminari ed incontri di informazione, la partecipazione è rimasta comunque alta. Il primo ciclo di seminari è servito ad affrontare il tema dell'importanza della diffusione della cultura del benessere organizzativo nella amministrazioni pubbliche e degli effetti che tale evento può produrre sugli assetti organizzativi e sulle politiche del personale; un secondo ciclo, più operativo è stato dedicato ad illustrare le metodologie per la conduzione delle varie fasi della ricerca, l'uso degli strumenti, quali il questionario e il software ad esso collegato.

L'avvio vero e proprio dell'indagine è avvenuto nel mese di gennaio 2004 ed ha interessato complessivamente 117 Amministrazioni, seguite a distanza dal team di Cantieri attraverso un attento sistema di help disk e di monitoraggio on line, nonchè attraverso incontri periodici deputati a chiarire gli aspetti critici emergenti dalla ricerca.

Sulla scorta della prima esperienza è stata messa a punto per gli anni 2004-2005 la realizzazione di un *kit del benessere organizzativo,* una vera e propria cassetta degli attrezzi per permettere a tutte le amministrazioni che vorranno di svolgere in maniera autonoma e rigorosa un'indagine sul clima e sulla salute della propria organizzazione, fornendo gli strumenti operativi necessari a tale scopo. Il *kit,* fornito gratuitamente alle amministrazioni, è suddiviso in strumenti di informazione e strumenti operativi.

Gli strumenti di informazione sono rappresentati:

- dalla Direttiva del Ministro della Funzione Pubblica (allegata in appendice) emanata a marzo 2003 che rappresenta un importante indirizzo volto a promuovere e favorire politiche del personale attente alla salute psicofisica dei dipendenti. Nella direttiva vengono identificati gli ambiti di analisi e i fattori organizzativi alla base del benessere organizzativo. L'obiettivo della direttiva è quello di offrire agli operatori la possibilità di lavorare in contesti organizzativi che favoriscono gli scambi, la trasparenza e la visibilità dei risultati del lavoro, in ambienti dove esista una adeguata attenzione agli spazi architettonici, ai rapporti tra le persone e allo sviluppo professionale.

- Il manuale *Benessere organizzativo* che delinea la metodologia d'analisi del benessere.

- Il rapporto *Persone al lavoro* che contiene casi concreti di progetti di miglioramento della qualità della vita nelle Amministrazioni italiane ed estere.

Gli strumenti operativi forniti sono:

- il questionario di rilevazione;
- il software per l'immissione e l'elaborazione dei dati al fine di una rapida procedura di *data entry* e di facile lettura dei risultati.

Il questionario è stato strutturato in maniera che la salute dell'organizzazione potesse essere misurata in riferimento alle seguenti dimensioni:

- Allestimento di un ambiente di lavoro salubre, confortevole e accogliente;
- Presenza di obiettivi aziendali formulati in maniera esplicita e chiara e coerenza tra enunciati e prassi operativa;
- Riconoscimento e valorizzazione delle competenze e degli apporti dei dipendenti e sviluppo delle loro potenzialità;
- Ascolto delle reciproche istanze tra dirigenti e dipendenti;
- Disponibilità di informazioni pertinenti al lavoro;

- Limitazione della conflittualità e promozione di un ambiente relazionale franco, comunicativo e collaborativi;
- Assicurazione di scorrevolezza operativa, rapidità di decisione, equità di trattamento a livello retributivo, nell' assegnazione di responsabilità, nella promozione del personale;
- Limitazione dei fattori di stress;
- Adozione di azione per prevenire infortuni e rischi professionali;
- Apertura all'ambiente esterno e alle innovazioni tecnologiche e culturali.

Una parte del questionario indaga la presenza di disturbi psicosomatici che spesso sono la spia di un malessere che ostacola gli individui nel raggiungimento degli obiettivi complessivi dell'Amministrazione. Altre parti sono riservate alle caratteristiche dei compiti svolti e agli indicatori negativi (le reazioni e le sensazione di malessere attivate dall'ambiente di lavoro che il soggetto percepisce) o positivi (che riguardano il grado di soddisfazione del soggetto verso l'organizzazione). Infine viene riservato uno spazio per i suggerimenti e le indicazioni sul miglioramento del benessere che ciascun lavoratore sente di dare.

L'elaborazione conclusiva della prima ricerca effettuata tra gli anni 2003 e 2004 ha sorprendentemente segnalato una positiva situazione del clima aziendale nelle pubbliche Amministrazioni: tutte le dimensioni sopraindicate, infatti, hanno assicurato un risultato superiore al livello di sufficienza, mettendo in discussione il pregiudizio che accompagna spesso il settore pubblico, rappresentato come un ambiente di lavoro scarsamente motivante, e, in alcuni casi, frustrante. Ciò che emerge, invece, e che necessita un approfondimento in ogni aspetto è l'idea di un ambiente lavorativo sufficientemente confortevole e sicuro, in cui esiste la possibilità di costruire relazione tra persone, una buona capacità di far fronte all'operatività quotidiana, un adeguato rapporto tra vertice e base dell'organizzazione.

Esistono tuttavia chiari sintomi di malessere che sono all'origine dello stress lavorativo spesso correlata alle caratteristiche dei compiti assegnati: il lavoro svolto è spesso percepito come troppo oneroso, esso non consente di esprimere a pieno le capacità e le potenzialità individuali (*valorizzazione*) e non attribuisce il giusto riconoscimento al proprio contributo alla vita organizzativa *(equità).*

Se passiamo ad esaminare nel dettaglio gli ambiti di queste due criticità emergono a pieno le contraddizioni di una Pubblica Amministrazione pronta a fornire ai propri lavoratori le giuste opportunità strumentali (pensiamo ai diffusi progetti di informatizzazione cui abbiamo assistito in questi anni) per svolgere i propri compiti al meglio, ma che, nel contempo, non è in grado di apprezzare la qualità dei lavori realizzati, generando insoddisfazione nei lavoratori. Lavoratori che, come nelle ricerche descritte nei precedenti paragrafi, sottolineano la mancanza di equità, sia nella distribuzione degli incentivi economici che non corrisponde alla qualità delle prestazioni fornite, sia in una politica delle promozioni che non offre opportunità di carriera a tutti in modo chiaro e trasparente. Permane, dunque, al di là della prima apparenza di un clima aziendale positivo, un diffuso malcontento dei lavoratori pubblici nei confronti dei sistemi di valutazione e dei criteri per la differenziazione retributiva: pur di fronte a dichiarazioni improntate all'importanza della valorizzazione delle differenze, si assiste ad una sostanziale uniformità di trattamento, in nome dell'egualitarismo piuttosto che dell'equità, tutti aspetti, questi, particolarmente avvertiti in ambienti ad elevata scolarizzazione, dove le aspettative di giovani brillanti laureati rischiano di essere frustrate da percorsi di carriera poco trasparenti.

Di fronte a queste criticità l'esperienza e lo studio *dei progetti Cantieri* hanno rilevato quale ruolo spetta oggi ai *capi* delle Pubbliche amministrazioni nel promuovere il superamento del rischio di una *sordità amministrativa* determinata dal timore e della scarsa attitudine ad utilizzare strumenti di ascolto organizzativo. Come colui che è disposto a partecipare alle competizioni solo quando è sicuro di vincere, le nostre organizzazioni pubbliche hanno sempre espresso una cultura scarsamente incline a riflettere costruttivamente sui propri malesseri. Essere capi, oggi, è certamente più difficile e complesso di quanto non lo fosse in anni e contesti passati nei quali il modello di riferimento era quello gerarchico-burocratico. Oggi più che mai è necessario emanciparsi da quel modello per essere in grado non solo di far fronte al malessere organizzativo ma di diventare promotore di ben-essere per sè, per i propri collaboratori e per l'intero sistema organizzativo. Il nuovo leader deve essere in grado di innescare sentimenti positivi nelle persone che gestisce: suo compito è quello di traghettare dalla logica della costrizione a quella dell'appartenza. Si può fare ciò, tuttavia, solo se si crede fermamente che le persone siano dei valori, che le motivazioni al lavoro non si ottengono con modalità coercitive, che gli individui possiedono un cervello e vorrebbero usarlo, che l'organizzazione, proprio permettendo alle persone di usare il cervello, può diventare vincente.

Ascoltare le persone è un atto di grande sensibilità ed intelligenza che trasmette, nei fatti, la fiducia nel loro valore e la volontà di utilizzarne le risorse ed un leader moderno sa a quali modalità di ascolto far riferimento, sa come dosare sia feedback positivi sia, quando occorre, feedback negativi: il suo obiettivo deve essere quello di impedire che le persone *ammuffiscano.* Una leadership del benessere cerca di recuperare, di rinforzare le positività che le persone sanno esprimere agendo sulla formazione di una diversa rappresentazione mentale che queste avranno del lavoro e dell'ambiente lavorativo.

A questo punto si ritiene necessario focalizzare l'attenzione sulle esperienze di due Aziende Sanitarie che hanno partecipato alla fase iniziale del *Progetto Cantieri*, l'Asl della provincia di Pavia e l'Asl Na2.

Per quanto riguarda l'Asl di Pavia, la decisione di realizzare una ricerca sul clima e sul benessere organizzativo è maturata in seguito ad una riflessione a livello di direzione strategica relativa ai vantaggi e alle criticità connesse alla realizzazione di una inziativa di tale tipo in un periodo caratterizzato da instabilità strutturali ed organizzative. Le motivazioni che hanno indotto a prender parte al progetto riguardano in particolar modo la possibilità di accompagnare e coinvolgere le persone nel processo di cambiamento, anche attraverso momenti di ascolto istituzionale, di promozione di iniziative il più possibile coerenti con i bisogni emergenti e con gli obiettivi strategici aziendali, sviluppando a livello dirigenziale un'attenzione crescente al tema del benessere delle persone all'interno dell'ambiente di lavoro. Il vertice aziendale ha ritenuto utile la partecipazione alla ricerca e per la definizione della procedura di coinvolgimento delle persone ha incaricato il Dirigente responsabile del Servizio Risorse Umane che si è avvalso nella realizzazione pratica di un funzionario con formazione sociologica.

Contrariamente al momento iniziale in cui si era pensato di poter somministrare il questionario a tutto il personale, si è optato per un campionamento nell'ambito del quale si è tenuto comunque conto delle diverse qualifiche e professionalità. Il questionario è stato sottoposto ai dipendenti selezionati dopo una serie di incontri che sono serviti non solo ad illustrare le finalità della ricerca ma anche a dissipare i dubbi e le perplessità rispetto alla possibilità di essere identificati.

Le priorità individuate dalle persone che hanno compilato il questionario hanno riguardato la valorizzazione del personale (19%), la chiarezza degli obiettivi e dei compiti (13%), la formazione e l'aggiornamento (12%). Queste dimensioni, percepite come *prioritarie*, potrebbero essere connesse ad un bisogno di riconoscimento e di valorizzazione delle diversità degli apporti e delle differenti competenze, che sembra trovare spazio in un desiderio di coinvolgimento e di sviluppo professionale realizzabile attraverso la circolazione e la chiarezza delle informazioni, l'aggiornamento e la formazione.

In tal senso le competenze sviluppate attraverso l'esperienza formativa dovrebbero avere una effettiva ricaduta rispetto all'organizzazione e alle attività di lavoro, consentendo di connettere la formazione agli obiettivi organizzativi e di *performance* delle persone e dei gruppi di lavoro.

A questo proposito si potrebbe ipotizzare lo sviluppo di un sistema di *gestione delle risorse*, il più possibile condiviso e integrato e volto a valorizzare maggiormente le capacità e le potenzialità dei singoli, all'interno di una progettualità più ampia che tenga conto delle dimensioni organizzative e professionali *specifiche*, in relazione alla mission aziendale.

Le riflessioni e le considerazioni esposte consentono di focalizzare l'attenzione su alcuni aspetti relativi al benessere organizzativo che potrebbero essere oggetto di azioni di miglioramento a lungo, medio e a breve termine, in virtù di una prima lettura degli esiti della ricerca.

In particolare queste riguardano un maggior investimento:

- *a livello strategico*, sulle politiche di gestione delle risorse umane, della comunicazione interna ed esterna, della formazione e del management, con riferimento all'esercizio di uno stile di leadership efficace e diffuso;
- *a livello organizzativo,* rispetto alla ridefinizione della progettualità dei servizi, ponendo particolare attenzione all'analisi dei fabbisogni, alla adeguata individuazione degli obiettivi, ai processi di valutazione e di formazione, intesi in senso integrato, alla cura della comunicazione per promuovere la costruzione partecipata dei processi di lavoro e momenti di confronto con l'esterno;
- *a livello operativo* in relazione all'adozione di strumenti di valutazionee di formazione per valorizzare la sperimentazione e lo sviluppo delle competenze, sostenere l'assunzione di ruoli gestionali da parte della dirigenza, promuovere i processi di comunicazione, favorire il lavoro di gruppo e per progetti, facilitare la definizione degli obiettivi aziendali e di *servizio* e la verifica dei risultati, al fine di aiutare a focalizzare l'attenzione sull'oggetto di lavoro e a consolidare il senso di appartenenza al team e all'organizzazione. La definizione di un piano di intervento comporta un impegno del vertice aziendale e del top management, cui compete l'assunzione di decisioni al riguardo.

Per quanto riguarda l'Azienda Sanitaria Locale Na2, già dal 2000 aveva avviato una politica di valorizzazione delle risorse umane presenti in azienda al fine di migliorare la qualità dei servizi al cittadino, soddisfacendo contemporaneamente i criteri di efficacia ed efficienza introdotti dal processo di aziendalizzazione, modello previsto dal legislatore nazionale a partire dal D.Lgs. 502/92 e riconfermato da tutti gli atti normativi a questo seguiti.

Tale modello, come indicato anche dal Piano Sanitario Regionale 2002-2004 imponeva un ripensamento critico di tutte le problematiche relative alla gestione delle risorse umane alla luce del contesto giuridico istituzionale del Settore. Inoltre la politica di sviluppo delle risorse umane, in questo specifico contesto, è resa ancora più necessaria da altri due fattori:

- questa Asl – come tutta la Campania – presenta uno dei più bassi indici di occupati per 1000 abitanti sul complessivo delle Azienda sanitarie locali;
- l'analisi articolata tra soggetti pubblici e privati, nei settori dell'assistenza sanitaria, confrontata con i dati delle altre regioni, evidenzia che in Campania l'incidenza di operatori privati rispetto a quelli pubblici è tra le più alte in Italia.

Ciò ha reso indispensabile un forte investimento sulle risorse umane per poter rendere competitivo il sistema pubblico e realizzare la missione aziendale di contribuire alla promozione, al mantenimento.

Nell'Atto Aziendale della Asl Napoli 2 la risorsa umana è definita di interesse strategico per la gestione del governo aziendale.

L'interesse e l'attenzione dell'azienda alla risorsa umana aveva prodotto nel luglio 2001 l'istituzione di una Unità operativa complessa definita Sviluppo delle risorse umane e comunicazione pubblica.

L'idea di effettuare una ricerca sul clima aziendale è maturata proprio all'interno di questa unità che ha elaborato una proposta per la direzione strategica, con la quale sono stati valutati i possibili vantaggi e le possibili difficoltà ad essa connessi.

Le motivazioni che hanno indotto a realizzare una ricerca sul benessere organizzativo all'interno dell'Azienda Napoli 2 sono state molteplici.

- La rapida e continua innovazione tecnologica, l'avvento di internet ed i conseguenti cambiamenti di tempi e forme della comunicazione, sta cambiando profondamente il mondo del lavoro. Se da un lato ciò può portare ad un miglioramento generale delle condizioni economiche, dall'altro provoca l'esigenza e l'urgenza di riorganizzare i contesti lavorativi.
- Nel contesto della pubblica amministrazione ed in particolare in quello sanitario, dove con maggiore insistenza si guarda all'efficacia organizzativa, è necessario essere attenti a nuove situazioni di disagio che il cambiamento organizzativo può provocare.
- Soprattutto in organizzazioni complesse, come è appunto unaAzienda Sanitaria Locale, si può incorrere in situazioni di malessere o disagio: da qui la necessità di un'azione di autodiagnosi, con l'obiettivo di individuare eventuali situazioni di disagio o eventuali aree critiche.

Sulla base di tali riflessioni la direzione aziendale ha deciso di

avviare questo *percorso di ascolto del personale* perché convinto che

esso potesse rispondere al bisogno di *prendersi cura degli operatori così come essi si prendono cura degli utenti.*

L'adesione al Cantiere di Innovazione ha portato alla costituzione di un gruppo di progetto che ha visto impegnati i referenti di 7 Dipartimenti aziendali; che hanno garantito la loro collaborazione alle varie fasi del progetto. Al gruppo di progetto hanno partecipato anche due tirocinanti laureati in Sociologia.

Durante la fase di progettazione della ricerca si era pensato di riuscire a coinvolgere tutti e 2000 gli operatori, ma la fase di pianificazione dell'intervento ha fatto rendere conto che non disponevamo di sufficiente risorse umane (tutti gli operatori del gruppo di progetto erano comunque impegnati nelle loro normali attività quotidiane) e considerato l'elevato numero di dipendenti dell'azienda l'indagine è stata svolta, alla fine, su di un campione di 637 soggetti, circa il 30% del totale. Il criterio di selezione utilizzato nella scelta del campione è stato quello di includere tutte le attività ospedaliere che da circa un anno erano state organizzate in modello Dipartimentale e tutte le Unità operative di medicina di base dei 9 distretti.

L'analisi di queste specifiche realtà era particolarmente significativa per la direzione strategica al fine di verificare l'efficacia del nuovo modello organizzativo introdotto in azienda. La rilevazione ha coinvolto tutte le categorie professionali. I Direttori dei Dipartimenti selezionati sono stati invitati ad una riunione in cui è stata presentata l'iniziativa e proposta l'adesione. Si è scelto di non rendere obbligatoria la partecipazione perché non si voleva che la ricerca potesse essere vista solo come un momento di controllo della direzione.

A marzo 2004 è partita la 2° fase dell'indagine: la somministrazione del questionario. Essa è stata preceduta da:

- una giornata di addestramento alla compilazione del questionario per i componenti del gruppo di progetto;
- un lavoro organizzativo condotto dal responsabile del progetto con i referenti dei singoli dipartimenti, che fanno parte del gruppo di progetto, al fine di sviluppare il calendario per la somministrazione del questionario e individuare le sedi idonee.

La scelta di somministrare i questionari nei diversi luoghi di lavoro è stata effettuata al fine di facilitare la partecipazione e per evitare di sguarnire i reparti ospedalieri; infatti gli ospedalieri hanno compilato il questionario tutti alla fine del loro turno di lavoro.

L'iniziativa è stata sempre accolta con grande interesse e soddisfazione da parte di tutto il personale, a tal punto che i dipendenti che non erano stati coinvolti, hanno chiesto di poter partecipare per poter esprimere il proprio parere sull'amministrazione. Nella fase di somministrazione del questionario solo alcuni operatori hanno espresso dubbi sulla compilazione della parte anagrafica perché ritenevano di poter essere identificati; in realtà c'è stato un numero maggiore di persone che ha voluto firmare il questionario, anche se non previsto, perché era prevalente in loro il desiderio di dire ad *alta voce quello che pensavano* ed esprimere così anche la soddisfazione di aver avuto, finalmente, uno spazio per potersi esprimere. L'indagine è partita a marzo e, la fase della compilazione del questionario, i ha tenuti impegnati gli operatori coinvolti fino alla fine di aprile. Sapendo di non avere né il tempo, né le risorse umane necessarie per l'inserimento dei dati, in fase organizzativa abbiamo previsto l'utilizzo di personale esterno per l'inserimento dei dati nel software.

La lettura dei dati è stata realizzata solo da personale interno all'azienda, dal responsabile del progetto congiuntamente con il direttore dell'Unità operativa Sviluppo delle risorse umane, con la partecipazione dei componenti del gruppo di progetto.

In tal modo si è giunti ad una interpretazione condivisa che è stata arricchita dalle singole specificità e dai diversi modi di guardare al problema.

Dall'analisi dei dati gli aspetti relazionali rappresentano i fattori positivi più significativi del benessere all'interno dell'Azienda, infatti si ha una buona valutazione della comunicazione e della collaborazione a livello orizzontale, con il proprio gruppo di lavoro e con i propri colleghi, e meno buona con il livello gerarchico superiore o con gli altri settori dell'organizzazione La circolazione delle informazioni infatti, considerando i singoli item, sembra maggiormente dovuta alla capacità individuale, acquisita nel corso del tempo, di ottenere le informazioni di proprio interesse,piuttosto che il prodotto di relazioni fluide con i dirigenti e di un clima organizzativo e culturale facilitante la circolazione delle informazioni.

L'analisi rivela che è l'unione ed il supporto a livello orizzontale del gruppo di lavoro ad essere valutata positivamente e non la capacità di ascolto complessiva dell'organizzazione. Considerando globalmente i dati si può quindi constatare che l'appartenenza al gruppo di lavoro supera abbondantemente il senso di appartenenza all'organizzazione; questo scarso senso di identità aziendale può indurre le persone a creare aggregazioni ed a cercare riconoscimenti all'interno dei gruppi professionali, dei gruppi di lavoro più ristretti e comunque entro comunità a livello micro-organizzativo, disincentivandole dal perseguire intenti di efficacia collettiva.

Oltre agli aspetti relazionali sono gli aspetti strutturali quelli che hanno fatto emergere maggiori livelli di criticità: i due fattori che confluiscono in questa area, sicurezza e comfort, sono quelli che hanno una media più bassa di quella del grafico generale, pertanto possiamo sicuramente affermare che rappresentano l'area più critica di questa organizzazione. L'intero campione, infatti, lamenta una scarsa gradevolezza e vivibilità dell'ambiente fisico in cui svolge quotidianamente il lavoro.

Ciò di cui le persone si lamentano maggiormente, nell'ambito di questa macroarea, è ancora una volta lo scarso valore dato al singolo che traspare dai punteggi più bassi: gli arredi, lo spazio vivibile per persona, la pulizia e l'igiene.

Anche questo ultimo aspetto contribuisce a sviluppare la percezione soggettiva dello stress che, essendo una dimensione trasversale, caratterizza tutti i fattori ritenuti negativi. Per quanto gli interventi a cui la Dirigenza sarebbe chiamata ad intervenire Gli operatori hanno indicato come area critica da migliorare le seguenti priorità:

1. la valorizzazione del personale, 13% degli intervistati;
2. la confortevolezza dell'ambiente di lavoro, 12%;
3. circolazione e chiarezza degli obiettivi, 10%.

Il *report* conclusivo è stato inviato al direttore generale, al direttore sanitario e al direttore Amministrativo e durante la presentazione dei risultati dell'indagine è stato avviato un processo decisionale per individuare in ogni unità opertativa, attraverso la costruzione di un gruppo di miglioramento, le azioni di intervento a breve o medio termine che possano migliorare il clima aziendale. Inoltre per sostenere lo sviluppo delle competenze, favorire il lavoro di gruppo e diffondere il modello del lavoro per progetti il gruppo di lavoro sta seguendo un ulteriore percorso del progetto Cantieri, mentre la direzione della Azienda Sanitaria è impegnata, sulle scorte dei risultati della ricerca, a rivedere le politiche del personale, i percorsi di formazione, i modelli di valutazione per i dirigenti.

4.6 Il clima aziendale a Napoli tra pubblico e privato

In questo paragrafo prendiamo in considerazione la ricerca condotta in tre ospedali di Napoli, uno pubblico, uno pubblico a gestione privata ed uno privato. L'ipotesi di partenza considera che un servizio di qualità consiste nel servire al meglio il cliente da quando entra in contatto con l'ospedale fino al momento in cui viene dimesso. Un servizio di questo tipo può essere prestato solo da dipendenti soddisfatti, fiduciosi, coesi e produttivi, dipendenti che si sentono considerati dall'organizzazionie di appartenenza come risorse di valore.[55]

L'obiettivo della ricerca è stato quello di raccogliere le testimonianze degli operatori per favorire l'integrazione delle loro esigenze con quelle proprie dell'organizzazione come pure indagare e mettere a confronto la soddisfazione del cliente interno, il modo di rapportarsi all'organizzazione, la gestione delle informazioni, i rapporti interpersonali.

Si è partiti dal presupposto che i miglioramenti nella qualità delle risorse (materiali ed umane), dei processi interni e di quelli finali (risultati finanziari, customer satisfaction,...) rappresentano elementi chiave nei programmi di cambiamento in atto. Per ogni struttura sono state scelte tre unità operative, ginecologia, chirurgia e cardiologia e lo strumento di rilevazione dei dati è stato quell'intervista ad un campione selezionato casualmente a cui è stato somministrato il questionario *Quality Improvement Implementation Survey (QIIS)* (cfr. 3.5).

---

[55] B. Fiore. L'Iintagibile in sanità: cultura e clima organizzativo belle strutture ospedaliere. Tesi di dottorato, facoltà di Sociologia. Napoli, 2005

Tra i dati più significativi emersi dalla interpretazione dei dati quello che ci pare interessante sottolineare riguarda *il carattere dell'ospedale:* il dato relativo infatti alla percezione dell'ospedale in cui si lavora come *una famiglia* presenta la percentuale di risposte più elevata, mentre *il modello burocratico* riceve il punteggio più basso; un dato, secondo la ricercatrice, che dimostra come i processi di aziendalizzazione delle strutture ospedaliere abbiano determinato un cambiamento nell'ambito della cultura/clima organizzativa, al punto che il modello burocratico, quello che presumibilmente dominava prima della riforma sanitaria è ormai inesistente nel vissuto e nella cultura del personale. Anche se occorre evidenziare che se l'ospedale come famiglia è prevalente nel contesto pubblico e nel pubblico a gestione a privata, nel privato non viene dissimulata la percezione dell'ospedale come *impresa.* In sostanza a fare la differenza, rileva la Fiore, è il tipo di gestione, cioè lo stile e le regole con cui l'ospedale viene fatto funzionare.

Per quanto riguarda invece un altro dato che emerge dalla ricerca, ovvero la *percezione del management* dell'ospedale, la maggior parte del personale percepisce la leadership come orientata prevalentemente al rispetto formale dei ruoli piuttosto che allo sviluppo delle risorse umane o all'assunzione di rischi: un dato che mostra nel suo complesso come i vincoli di bilancio, normativamente introdotti e strettamente richiamati dagli organi di indirizzo e controllo politico, possano aver indotto alcuni Direttori Generali ad adottare stili di direzione gerarchica proprio per rispettare questi indirizzi.

L' analisi dell'area tematica *coesione dell'ospedale* rileva, invece, come sia la fiducia tra le persone la proprietà organizzativa su cui, secondo il campione intervistato, si fonda la coesione nell'ospedale. L'ipotesi è che le procedure restano sullo sfondo e lasciano lo spazio a meccanismi di adeguamento reciproco e a criteri più generali di coordinamento ed integrazione, quali la fiducia, la lealtà, il senso di *empowerment* (il sentirsi valorizzati). Affinchè vi sia coesione in una organizzazione è fondamentale che si costruisca un buon livello di integrazione collettiva, capace di sostenere la disponibilità di tutti ad impegnarsi e a sviluppare un'energia collettiva superiore ai singoli sforzi individuali.

Particolare attenzione, a nostro avviso, merita inoltre la dimensione relativa alle *ricompense dell'ospedale*, soprattutto se si tiene conto che le politiche retributive definiscono il modo più diretto con cui si configura il rapporto tra l'organizzazione e i suoi dipendenti: i dati emersi mostrano una forte situazione di criticità in quanto il campione intervistato nella distribuzione prevalgono criteri di *rango* piuttosto che valutazioni imparziali, mentre le iniziative individuali ricevono addirittura il punteggio più basso. La questione riguarda la percezione, il modo in cui le persone vivono le esperienze di lavoro ed i rapporti con l'organizzazione, nonchè alla valorizzazione percepita delle loro capacità: si tratta di tematiche riconducibili al concetto di *empowerment;* quando il livello di *empowerment* è basso le persone tendono a pensare di essere in credito verso la loro azienda e questo atteggiamento spiega il loro ridotto impegno lavorativo. In generale i dipendenti non si sentono affatto coinvolti nello sviluppo dei piani per il miglioramento della qualitàe percepiscono di non avere un ruolo nella definizione delle priorità per il miglioramento degli standard del proprio servizio: eseminando i risultati relativi all'area *utilizzo delle risorse umane* emerge infatti un giudizio negativo in generale sull'utilizzo delle risorse umane, ed in particolare sulle attività di aggiornamento professionale, sui meccanismi premianti, sulla cooperazione tra reparti, sulla possibilità di esprimere suggerimenti su come incidere sul miglioramento della qualità dei servizi. In generale il giudizio espresso descrive un sistema poco orientato e poco attento alla gestione delle risorse umane, al gruppo come risorsa in un'atmosfera costruttiva e di supporto. Il personale ipotizza che l'Amministrazione non si preoccupi di informare i singoli relativamente alla politica aziendale e alla pianificazione strategica della stessa. La conseguenza dell'assenza di questa comunicazione è la percezione di una leadership orientata esclusivamente ad una logica di gestione, di verifiche e di controlli, che si pone al di là di una rigida linea di frattura rispetto al personale dipendente.

Tutto questo mentre l'aspetto essenziale che occorre necessariamente ed urgentemente porre al centro della questione per assicurare il successo a lungo termine dei processi di cambiamento è il livello di adesione degli operatori. Questo obiettivo potrà essere raggiunto se si vorranno utilizzare, dice l'autrice, gli esistenti mezzi di *comunicazione interna* per riuscire a convogliare tutti i soggetti operanti all'interno dell'ospedale verso un consenso diffuso nei confronti degli orientamenti strategici e per motivare ciascuno ad impegnarsi e a dedicare tutte le proprie potenzialità professionali per il raggiungimento della mission aziendale. L'obiettivo ultimo sarà quello della creazione e del consolidamento di una cultura unificante, ovvero della condivisione, attraverso un convincimento interiore dettato dall'esperienza, degli orientamenti espressi dal vertice dell'organizzazione.

Ci sembra opportuno, infine, evidenziare una differenza che emerge dall'analisi dei dati tra il tipo di gestione privata e quella pubblica: infatti le dimensioni della fiducia e della coesione, il grado di accordo sul profilo della leadership, sull'uso e sulla circolazione delle informazioni, sulla pianificazione della qualità, sulla qualità del management e sulla qualità dei risultati ricevono un giudizio positivo nei due ospedali a gestione privata.

Tutto questo deve fare da monito e da stimolo per la dirigenza delle strutture pubbliche, perchè solo una maggiore accortezza rispetto all'*intangibile,* ovvero rispetto a tutto quello che non passa attraverso strumenti di bilanci e ordinativi di spesa, ma che il personale avverte quotidianamente nelle relazioni tra il proprio mondo, la propria esperienza professionale e le strutture organizzative che accolgono il suo lavoro, solo un'attenzione continua alla formazione, alla valorizzazione, all'equità, alla comunicazione interna, all'empowerment e agli stili di leadership possono permettere di rendere duraturi tutti gli sforzi di programmazione aziendale strategica.

Conclusioni

Il Benessere Organizzativo, la salute e la qualità della vita negli ambienti di lavoro sono temi di sempre maggiore interesse e centralità nella società. Le persone guardano alla salute non più come semplice assenza di malattia ma come processo di miglioramento del benessere fisico e psicologico. Le organizzazioni iniziano a considerare che l'allestimento dei contesti di lavoro, l'adozione di pratiche normative, procedurali e comportamentali e la preferenza o il sostegno a particolari stili di convivenza possono contribuire a creare benessere o malessere e influire direttamente sullo stato di "salute" dell'intero sistema. Con il termine di "salute organizzativa" ci si riferisce alla capacità di un'organizzazione non solo di essere efficace e produttiva ma anche di crescere e svilupparsi promuovendo e mantenendo un adeguato grado di benessere fisico e psicologico e alimentando costruttivamente la convivenza sociale di chi vi lavora. Il moderno concetto di salute, dunque, cerca di superare la dicotomia tra individuo e organizzazione, evidenziando come entrambi siano attori e responsabili della salute. Il benessere organizzativo risiede nella qualità della relazione esistente tra le persone e il contesto di lavoro. È per questo che allo studio dei classici rischi fisici (rischi radiologici, chimici, biomeccanici, biologici o comunque relativi agli aspetti strutturali del lavoro) legati al tema della sicurezza lavorativa, si è affiancato quello dei cosiddetti rischi psicosociali che riguardano variabili legate al clima organizzativo e agli stili di convivenza sociale.

Quando si rilevano condizioni di scarso benessere organizzativo si determinano, sul piano concreto, fenomeni quali diminuzione della produttività, assenteismo, bassi livelli di motivazione, ridotta disponibilità al lavoro, carenza di fiducia, mancanza di impegno, aumento di reclami e lamentele della clientela. Questi e altri indicatori di malessere non sono altro che il riflesso dello stato di disagio e malessere psicologico di chi lavora. La riduzione della qualità della vita lavorativa in generale e del senso individuale di benessere rende, pertanto, onerosa la convivenza e lo sviluppo dell'organizzazione. Il concetto di salute organizzativa suggerisce che le organizzazioni potrebbero progredire e trovare beneficio nel tutelare la relazione con le persone che vi lavorano. Il modello della relazione lavoratori-organizzazione nelle "organizzazioni in salute" vede i lavoratori come adulti che possono ampiamente contribuire al successo della loro organizzazione a patto che si creino le condizioni per la loro sicurezza, per il soddisfacimento dei bisogni di significato e di riconoscimento, per la considerazione delle esigenze di apprendimento, informazione e giustizia.

Dopo aver dato ampio spazio nella prima parte del lavoro agli impianti teorici attraverso i quali si sono costruite e definite le nozioni di "clima organizzativo" e "cultura organizzativo", abbiamo indirizzato la nostra ricerca verso l'individuazione delle esperienze compiute da diverse Aziende Sanitarie ed Ospedaliere, prime a prestare attenzione alle tematiche connesse al benessere organizzativo e alla rilevazione del clima attraverso strumenti operativi, che, come abbiamo ampiamente detto, sono principalmente questionari strutturati a più dimensioni. È ancora troppo presto per dire se tali indagini siano state solo un mero episodio conoscitivo, utilizzato, magari, per sottolineare un'attenzione solo formale al problema in occasione di insediamenti neo-dirigenziali, o se, al contrario, si sia trattato di un effettivo cambiamento nella percezione del rapporto individuo-lavoratore-organizzazione. I temi emersi come aree critiche in tutte le ricerche analizzate, ovvero la mancanza di equità, l'ottimizzazione della comunicazione interna con i colleghi e soprattutto con i capi, l'individuazione e la definizione di criteri meritocratici, la costruzione di chiare opportunità e percorsi di carriera impongono tutti insieme interventi che non possono essere lasciati alla improvvisazione e alla maggiore o minore disponibilità delle singole realtà lavorative. Pertanto abbiamo ritenuto opportuno soffermarci ampiamente sull'iniziativa del Dipartimento della Funzione Pubblica, ovvero sul Progetto Cantieri di Innovazione e sugli strumenti messi a disposizione al fine di creare una rete di amministrazioni interessate allo sviluppo e all'approfondimento delle tematiche riguardanti il benessere organizzativo e per favorire la diffusione, all'interno delle amministrazioni, di una cultura attenta al rapporto tra le persone e il proprio contesto di lavoro e agli effetti che tale rapporto produce sulla "salute" dell'organizzazione.

Obiettivo delle amministrazioni deve essere quello di migliorare la qualità del lavoro, fornire nuove opportunità di sviluppo professionale ai propri dipendenti, investire su relazioni interne più salde e capaci di produrre significati e valori condivisi. In altre parole, devono assicurare il benessere dei propri dipendenti all'interno della loro organizzazione. Solo lavoratori soddisfatti possono infatti impegnarsi a migliorare la soddisfazione degli utenti delle amministrazioni pubbliche, tanto più in un settore come quello della filiera "salute" dove il rapporto umano assume una rilevanza strategica. Un'organizzazione può considerarsi in buona salute se allestisce un ambiente di lavoro salubre, confortevole e accogliente, se riconosce e valorizza le competenze e gli apporti dei dipendenti e stimola nuove potenzialità, se ascolta le istanze dei dipendenti, se adotta tutte le azioni per prevenire gli infortuni e i rischi professionali, se stimola un ambiente relazionale franco, collaborativo, se assicura equità di trattamento a livello retributivo, di assegnazione di responsabilità, di promozione del personale, solo per indicare alcune delle dimensioni del benessere organizzativo. Questi elementi, che potrebbero a prima vista sembrare ovvi, in realtà sono troppo spesso trascurati dalle amministrazioni.

Senza lavoratori motivati e con una forte identificazione nei valori dell'istituzione alla quale appartengono qualunque azione di cambiamento sarebbe destinata all'insuccesso.

Appendice

PRESIDENZA DEL CONSIGLIO DEI MINISTRI - DIPARTIMENTO DELLA FUNZIONE PUBBLICA - DIRETTIVA 24 marzo 2004 - (in *G.U.* n. 80 del 5 aprile 2004) **- Misure finalizzate al miglioramento del benessere organizzativo nelle pubbliche amministrazioni.**

A tutti i Ministeri Uffici di gabinetto - Uffici del personale, dell'organizzazione e della formazione

Alle aziende ed amministrazioni autonome dello Stato

A tutti gli enti pubblici non economici

Al Consiglio di Stato Segretariato generale

Alla Corte dei conti Segretariato generale

All'Avvocatura generale dello Stato - Segretariato generale

Agli organismi di valutazione di cui al decreto legislativo n. 286/1999

Agli uffici centrali del bilancio

Alla Scuola superiore della pubblica amministrazione

Al Formez

All'A.R.A.N.

e, per conoscenza:

A tutte le regioni

A tutte le province

A tutti i comuni

Alla Presidenza della Repubblica - Segretariato generale

Alla Presidenza del Consiglio dei Ministri - Segretariato generale

All'A.N.C.I.

All'U.P.I.

All'U.N.C.E.M.

Alla Conferenza dei rettori delle Università italiane

IL MINISTRO PER LA FUNZIONE PUBBLICA

Vista la legge 20 maggio 1970, n. 300, recante «Norme sulla tutela della libertà e dignità dei lavoratori, della libertà sindacale e dell'attività sindacale nei luoghi di lavoro e norme sul collocamento»;

Vista la legge 23 agosto 1988, n. 400, recante «Disciplina dell'attività di Governo e ordinamento della Presidenza del Consiglio dei Ministri»;

Visto il decreto legislativo 19 settembre 1994, n. 626, recante «Attuazione delle direttive 89/391/CEE, 89/654/CEE, 89/655/CEE, 89/656/CEE, 90/269/CEE, 90/270/CEE, 90/394/CEE, 90/679/CEE, 93/88/CEE, 97/42/CE e 1999/38/CE riguardanti il miglioramento della sicurezza e della salute dei lavoratori durante il lavoro»;

Visto il decreto legislativo 30 marzo 2001, n. 165, recante «Norme generali sull'ordinamento del lavoro alle dipendenze delle amministrazioni pubbliche»;

Vista la direttiva del Ministro per la funzione pubblica 13 dicembre 2001, recante «Formazione e valorizzazione del personale delle pubbliche amministrazioni»;

Vista la direttiva del Ministro per la funzione pubblica 7 febbraio 2002 sulle attività di comunicazione delle pubbliche amministrazioni;

Visto il decreto del Presidente del Consiglio dei Ministri 29 novembre 2002, recante «Delega di funzioni del Presidente del Consiglio dei Ministri in materia di funzione pubblica al Ministro senza portafoglio avv. Luigi Mazzella»;

E m a n a

la seguente direttiva:

1. Premessa.

Il Dipartimento della funzione pubblica intende sostenere la capacità delle amministrazioni pubbliche di attivarsi, oltre che per raggiungere obiettivi di efficacia e di produttività, anche per realizzare e mantenere il benessere fisico e psicologico delle persone, attraverso la costruzione di ambienti e relazioni di lavoro che contribuiscano al miglioramento della qualità della vita dei lavoratori e delle prestazioni.

Il Dipartimento ritiene, infatti, che, per lo sviluppo e l'efficienza delle amministrazioni, le condizioni emotive dell'ambiente in cui si lavora, la sussistenza di un clima organizzativo che stimoli la creatività e l'apprendimento, l'ergonomia - oltre che la sicurezza - degli ambienti di lavoro, costituiscano elementi di fondamentale importanza ai fini dello sviluppo e dell'efficienza delle amministrazioni pubbliche.

Per migliorare le prestazioni e gli effetti delle politiche pubbliche, è importante offrire agli operatori la possibilità di lavorare in contesti organizzativi che favoriscono gli scambi, la trasparenza e la visibilità dei risultati del lavoro, in ambienti dove esiste un'adeguata attenzione agli spazi architettonici, ai rapporti tra le persone e allo sviluppo professionale.

Il Dipartimento della funzione pubblica ha collocato tra le priorità di cambiamento da sostenere nelle amministrazioni pubbliche, quella di creare specifiche condizioni che possano incidere sul miglioramento del sistema sociale interno, delle relazioni interpersonali e, in generale, della cultura organizzativa.

Il Dipartimento intende così segnalare all'attenzione delle amministrazioni pubbliche un aspetto rilevante per lo sviluppo delle motivazioni al lavoro spesso trascurato nella tradizionale gestione del personale nelle amministrazioni pubbliche.

Si tratta, quindi, di rendere le amministrazioni pubbliche datori di lavoro esemplari attraverso una rinnovata attenzione ad aspetti non monetari del rapporto di lavoro, consentendo l'avvio di modelli gestionali delle risorse umane diretti a favorire il miglioramento degli ambienti di lavoro, l'aumento dei livelli di produttività, nel contesto delle relazioni sindacali.

2. Finalità della direttiva.

Con questa direttiva il Dipartimento della funzione pubblica, in linea con la volontà del Governo di attuare un radicale processo di cambiamento della pubblica amministrazione, pone l'attenzione sulla gestione delle risorse umane, dando contenuto a quanto previsto dal decreto legislativo 30 marzo 2001, n. 165, e, in particolare, all'art. 7.

La direttiva individua:

a) le motivazioni per l'adozione di misure finalizzate ad accrescere il benessere organizzativo;

b) le indicazioni da seguire per accrescere il benessere organizzativo;

c) gli strumenti per l'attuazione della direttiva.

3. Le motivazioni per l'adozione di misure finalizzate ad accrescere il benessere organizzativo.

Questa direttiva nasce anche dalla necessità di valutare l'impatto organizzativo delle riforme legislative degli ultimi anni e delle trasformazioni legate all'utilizzo delle nuove tecnologie sul personale delle amministrazioni pubbliche e di responsabilizzare la dirigenza sulla efficace gestione delle risorse umane.

Le amministrazioni sono invitate, adottando le opportune forme di relazioni sindacali, a valutare e migliorare il benessere all'interno della propria organizzazione rilevando le opinioni dei dipendenti sulle dimensioni che determinano la qualità della vita e delle relazioni nei luoghi di lavoro e realizzando opportune misure di miglioramento per: valorizzare le risorse umane, aumentare la motivazione dei collaboratori, migliorare i rapporti tra dirigenti e operatori, accrescere il senso di appartenenza e di soddisfazione dei lavoratori per la propria amministrazione; rendere attrattive le amministrazioni pubbliche per i talenti migliori; migliorare l'immagine interna ed esterna e la qualità complessiva dei servizi forniti dall'amministrazione; diffondere la cultura della partecipazione, quale presupposto dell'orientamento al risultato, al posto della cultura dell'adempimento; realizzare sistemi di comunicazione interna; prevenire i rischi psico-sociali di cui al decreto legislativo n. 626/1994.

Il Dipartimento della funzione pubblica intende richiamare l'attenzione dei comitati di settore affinchè, negli atti di indirizzo per la stipula dei contratti collettivi del personale delle aree dirigenziali, venga richiamato con particolare evidenza lo specifico impegno di tutti ad assicurare, negli ambiti di propria competenza e secondo le linee sopra indicate, adeguati livelli di benessere organizzativo, e ciò in diretta correlazione funzionale con gli obiettivi ed i risultati dell'azione dirigenziale.

4. Le indicazioni da seguire per accrescere il benessere organizzativo.

I. L'attenzione al benessere organizzativo come elemento di cambiamento culturale.

In tutte le amministrazioni pubbliche la complessità dei problemi da affrontare è in aumento. L'insoddisfazione per gli strumenti tradizionali di gestione del personale è evidente e crescono le esigenze di individuare nuove politiche di sviluppo e di intervento. In un sistema ad alta intensità di lavoro intellettuale, la convivenza organizzativa non può svolgersi soltanto sotto la dimensione del governo gerarchico e delle scansioni procedurali: una variabile altrettanto fondamentale è rappresentata dal sentire individuale e dalle relazioni informali tra le persone che interagiscono nello stesso ambiente di lavoro.

II. L'attenzione alle variabili critiche.

Per assicurare il benessere organizzativo le amministrazioni devono prestare attenzione alle seguenti variabili:

A. Caratteristiche dell'ambiente nel quale il lavoro si svolge: l'amministrazione allestisce un ambiente di lavoro salubre, confortevole e accogliente.

B. Chiarezza degli obiettivi organizzativi e coerenza tra enunciati e pratiche organizzative: l'amministrazione definisce obiettivi espliciti e chiari ed assicura coerenza tra enunciati e prassi operative.

C. Riconoscimento e valorizzazione delle competenze: l'amministrazione riconosce e valorizza le competenze e gli apporti dei dipendenti e stimola nuove potenzialità, assicurando adeguata varietà dei compiti ed autonomia nella definizione dei ruoli organizzativi nonchè pianificando adeguati interventi di formazione.

D. Comunicazione intraorganizzativa circolare: l'amministrazione ascolta le istanze dei dipendenti e stimola il senso di utilità sociale del loro lavoro.

E. Circolazione delle informazioni: l'amministrazione mette a disposizione dei dipendenti le informazioni pertinenti il loro lavoro.

F. Prevenzione degli infortuni e dei rischi professionali: l'amministrazione adotta tutte le azioni per prevenire gli infortuni e i rischi professionali.

G. Clima relazionale franco e collaborativo: l'amministrazione stimola un ambiente relazionale franco, comunicativo e collaborativo.

H. Scorrevolezza operativa e supporto verso gli obiettivi: l'amministrazione assicura la scorrevolezza operativa e la rapidità di decisione e supporta l'azione verso gli obiettivi.

I. Giustizia organizzativa: l'amministrazione assicura, nel rispetto dei contratti collettivi nazionali di lavoro, equità di trattamento a livello retributivo, di assegnazione di responsabilità, di promozione del personale e di attribuzione dei carichi di lavoro.

L. Apertura all'innovazione: l'amministrazione è aperta all'ambiente esterno e all'innovazione tecnologica e culturale.

M. Stress: l'amministrazione tiene sotto controllo i livelli percepiti di fatica fisica e mentale nonchè di stress.

N. Conflittualità: l'amministrazione gestisce l'eventuale presenza di situazioni conflittuali manifeste o implicite.

III. Il processo per la rilevazione e il miglioramento del benessere organizzativo.

Per accrescere il benessere organizzativo le amministrazioni devono seguire processo articolato nelle seguenti fasi:

a) individuazione dei ruoli nel processo di rilevazione e miglioramento del benessere;

b) definizione della procedura di rilevazione e d'intervento;

c) predisposizione degli strumenti di rilevazione;

d) raccolta dei dati;

e) elaborazione dei dati;

f) restituzione dei risultati;

g) definizione del piano di miglioramento;

h) monitoraggio e verifica del piano di miglioramento.

IV. Contenuti e strumenti del piano di miglioramento.

Sulla base delle rilevazioni condotte, le amministrazioni, sentite le organizzazioni sindacali, devono adottare un piano di miglioramento del benessere organizzativo che può riguardare uno o più dei seguenti aspetti:

a) struttura e ruoli organizzativi;

b) innovazione tecnologica;

c) processi organizzativi;

d) cultura organizzativa;

e) politiche di gestione e sviluppo delle risorse umane;

f) comunicazione interna e esterna;

g) modifica di norme e procedure.

5. Strumenti per l'attuazione della direttiva.

Per aiutare operativamente le amministrazioni a pianificare, condurre ed utilizzare efficacemente le rilevazioni di benessere organizzativo in attuazione di questa direttiva il Dipartimento della funzione pubblica ha realizzato il manuale operativo «Benessere organizzativo. Per migliorare la qualità del lavoro nelle amministrazioni pubbliche» (collana Analisi e strumenti per l'innovazione, del Dipartimento della funzione pubblica).

Il manuale può essere acquisito dalle amministrazioni interessate secondo le modalità indicate sul sito www.funzionepubblica.it

Il Dipartimento della funzione pubblica dedicherà apposite riunioni dei direttori generali del personale delle amministrazioni dello Stato e degli enti pubblici non economici a queste tematiche e promuoverà il confronto con le organizzazioni sindacali per favorire l'attuazione di questa direttiva nel più ampio contesto delle politiche di gestione delle risorse umane, anche attraverso idonei strumenti di monitoraggio.

Roma, 24 marzo 2004

Il Ministro: Gazzella

Riferimenti bibliografici:

AA.VV., Il miglioramento della qualità dei servizi sanitari: principi e metodi, SDA Bocconi, 2000.

AA.VV., Gestire e verificare la qualità nelle strutture sanitarie. Concetti emodelli, CLUEB, 1997.

AA.VV., La realizzazione di un programma di miglioramento della qualità. Guida per i manager e i dirigenti delle aziende sanitarie, Centro Scientifico Editore, 1999.

ANDREINI P., Certificare la qualità, Hoepli, 1997.

ARGYRIS, C., Some problems in conceptualizing organizational climate: a case of study of a bank. Administrative Science Quarterly, 1958. 2: p. 501-520.

ASHFORTH, B.E., Climate formation: issue and extensions. Academy of Management Review, 1985. p. 837-847.

BACCHIELLI M. P., DI STANISLAO F., Clima organizzativo nelle aziende sanitarie e ospedaliere della regione Marche, in "Gli Stakeholder della Sanità", Qualità – Aprile 1999, 18-22.

BERGER, P.L. e LUCKMANN, T. (1967), La realtà come costruzione sociale. Il Mulino, Bologna.

BOLOGNINI B., Il comportamento organizzativo e la gestione delle risorse umane, Carocci, Roma 2001

CAMA P., Paladino G., Aziende a caccia di qualità, Il Sole 24 ore Sanità Management, dicembre 2001

CAMPBELL, S., Consolidation in a climate that doesn't favor for-profit conversion. Health Care Strateg Manage, 1997.: p. 18-9.

CARTOCCIO, A. and G. VARCHETTA, Cultura aziendale e sviluppo organizzativo,. Sviluppo Organizzativo, 1985, p. 37-49.

CASCIOLI, A.- CASCIOLI P. (1991), Clima organizzativo e cultura aziendale.Psicologia e Lavoro 1

CONSIGLIO P., MARTONE R., MOSCHERA L., Un Pronto Soccorso di qualità? Garantire un buon clima organizzativo, in “Mecosan Management ed Economia Sanitaria”, n° 31, 2000, 73-91

CONTINI G., Gli artefici della qualità, Centro Scientifico Editore, 1998.

CHERNISS C. (1986); La sindrome del burn-out. Lo stress lavorativo degli operatori dei servizi socio sanitari. CST Centro Scientifico, Torino.

CROSBY P., Obiettivo qualità. La certezza dei tempi moderni, Mc Graw-hill, 2000.

CROZIER, M. and E. FRIEDBERG, Attore sociale e sistema. 1978, Milano: Etas.

DE VITO PISCICELLI P., Il clima organizzativo e le sue dimensioni; in "Psicologia e Lavoro", 1981.

DIPARTIMENTO DELLA FUNZIONE PUBBLICA, Persone al lavoro (a cura di Bonaretti M. e Testa P.), Rubbettino, Roma, 2004

EKVALL G. , Il clima organizzativo per la creatività e l'innovazione, in "Psicologia e Lavoro", 1997, 7-19.

FAVRETTO G., Il cliente nella sanità, F. Angeli/Sanità, Milano, 2002

FIORE B., L'Iintagibile in sanità: cultura e clima organizzativo belle strutture ospedaliere. Tesi di dottorato, facoltà di Sociologia. Napoli, 2005

FOREHAND, G.A. and H.B. GILMER, Environmental variation in studies of organizational behavior. Psychological Bulletin, 1964. 62(6): p. 361-382.

GAGLIARDI P., Le imprese come culture, Isedi, Torino, 1986.

GUION, R.M., A note on organizational climate. Organizational

HERZBERG, F. and L. HERZBERG, The motivation to work. 1959, New York: 1959.

HERZBERG, F. Work and the Nature of Man, 1966

JAMES, R.L. and A.P. JONES, Organizational structure: a review of structural dimensions and their conceptual relationship with individual attitudes and behavior, ndeg.75,1974, Technical Report, Forth Worth, Texas Christian University

JAMES, R.L. and A.P. JONES, Organizational climate: a review of theory and research. Psychological Bulletin, 1974. 81(12): p. 1096-1112.

JOHANNESSON, R.E., Some problems in the measurement of organizational climate. Organizational behavior and human performance, 1973(10): p. 118-144.

JONES, A.P. and L.R. JAMES, Psychological climate: dimensions and relationships of individual and aggregate work environment perceptions. Organizational Behavior and Human Performance, 1979. 23: p. 201-250

LAWLER, E.E.I., D.T. HALL, and G.R. OLDHAM, Organizational climate: relationship to organizational structure, process and performance. Organizational Behavior and Human Performance, 1974. 11: p. 139-155.

LEVATI W., SARAÒ M.V., Psicologia e sviluppo delle risorse umane nelle organizzazioni, Franco Angeli, Milano 2002

LEWIN, G.H. and R.A. STRINGER, Motivation and organizational climate. 1968, Cambridge: Harvard Univerity Press.

LITWIN, G.H. and R.A. STRINGER, Motivation and organizational climate. 1968, Cambridge: Harvard Univerity Press.

KANEKLIN C.-F. OLIVETTI MANOUKIAN, Conoscere l'organizzazione, N.I.S., Roma, 1990.

MARINO G., BOCCAFOGLI, GUERZONI A., Clima organizzativo e rapporti di lavoro: un'esperienza, in "Mecosan Management ed Economia Sanitaria, n° 33, 2000, 103-108

MASLACH C. (1994) Maslach Burnout Inventory, Organizzazioni speciali, Firenze

MENZIES D.P., I sistemi sociali come difesa dall'ansia. Studio sul servizio infermieristico di un ospedale, in Psicoterapia e Scienze umane 1-2, pp. 39-56, 1973

MORAN E.T., VOLKWEIN J.F., L'approccio culturale alla formazione del clima organizzativo

MORAN, E.T. and J.F. VOLKWEIN, The cultural approach to the formation of organizational climate. Human Relations, 1992. 19: p. 19-47.

MOROSINI P. "Enciclopedia della gestione della qualità in sanità-. Elementi di economia sanitaria, medicina basata sulle evidenze, epidemiologia, statistica, comunicazione", Centro scientifico editore, 2001.

MOROSINI P., Griglie di valutazione in Sanità. Miglioramento continuo di Qualità, valutazione di efficacia degli interventi e gestione aziendale, Centro scientifico Editore, 2000.

MUCHINSKY M.P., La comunicazione organizzativa: le relazioni tra clima organizzativo e soddisfazione lavorativa, in "Psicologia e Lavoro", 1998, n. 5-15.

NEGRO G., Organizzare la qualità nei servizi, IL sole 24 ore libri, 1992.

NERI B., Rilevazione del clima organizzativo in una Pubblica Amministrazione, in "Psicologia e Lavoro", 2001, 70-74.

ORNSTEIN, S., Organizational symbols: a study of their meanings and influences on perceived psychological climate. Organizational Behavior and Human Performance, 1986. 38(207-229).

PAYNE, R. and D.S. PUGH, Organization structure and climate, in Handbook of Industrial

PAYNE, R.L. and R. MANSFIELD, Relationship of perceptions of organizational climate to organizational structure, context e hierrchical position. Administrative Science Quarterly, 1973(18): p. 515-526.

POOLE, M.S. and R.D. MCPHEE, A structurational analysis of organizational climate, in Communications and organizations, an interpretative approach, L. Putnam and M. Pacanowsky, Editors. 1983, Sage: Beverly Hills. p. 195-219.

PRITCHARD, R.D. and B.W. KARAISCH, The effect of organizational climate on managerial job performance and job satisfaction. Organizational Behavior and Human Performance, 1973. 9: p. 126-146.

QUAGLINO, G.P., Psicodinamica della vita organizzativa: competizione, difese, ambivalenze nelle relazioni di lavoro. 1996, Milano: Cortina.

QUAGLINO G.P., Cortese C., Ronco P., Un nuovo impianto di rilevazione del profilo climatico che sottolinea il rapporto tra l'analisi del clima e quella culturale, in Riv. Sviluppo & Organizzazione n° 147 Gennaio/Febbraio 1995, pag. 73-78.

QUAGLINO, G.P. and G. Varchetta, Complessità e organizzazione. Sviluppo e organizzazione, 1986(95): p. 17-29.

ROMANO D.- FELICIOLI R., Comunicazione interna e processo organizzativo, Cortina, Milano, 1992.

SCHEIN E. H., Lezioni di consulenza, Cortina, Milano, 1992. Le organizzazioni come culture

SCHNEIDER, B., Organizational climate: individual preference and organizational realities. Journal of Applied Psychology, 1972. 56: p. 211-217.

SCHNEIDER, B. (1978), I climi organizzativi. Psicologia e Lavoro, 47.

SCHNEIDER, B. (1987), Le persone fanno il posto. Psicologia e Lavoro, 66-67.

SCHNEIDER, B. and R.A. Snyder, Some relationship between job satisfaction and organizational climate. Journal of Applied Psychology, 1975. 60, p. 318-328

SCHNEIDER B., I climi organizzativi. Psicologia e Lavoro, 1975(47): p. 12.

SPALTRO E., Questionario per la misura del clima organizzativo, in "Psicologia e Lavoro", 1999, 57-78.

SPALTRO E., Il check up organizzativo. 1977, Milano: Isedi

SPINELLI R., E ALTRI, Indagine di clima organizzativo: l'esperienza della Azienda Sanitaria della Provincia di Lecco, Tendenze Nuove – 6/2003 nuova serie

VELO D., La sanità di fronte ai processi di cambiamento strutturale della società e dello stato: razionalizzazione versus innovazione, Management e organizzazione sanitaria, Riv. Scient. Trim., vol.I, 2004, pag. 45-48.

WOODMAN, R.W. and D.C. King, Organizational climate: science or folklore? Academy of Management Review, 1978, p. 816-826.

www.ingramcontent.com/pod-product-compliance
Lightning Source LLC
LaVergne TN
LVHW080627160826
845677LV00007B/1464

9798473500332